“一镇三村”脱贫攻坚案例研究

“YIZHEN SANCUN”
TUOPIN GONGJIAN
ANLI YANJIU

骆军　何家伟　陆汉文　李金督 ◎ 著

中国出版集团
研究出版社

图书在版编目（CIP）数据

一镇三村脱贫攻坚案例研究 / 国务院扶贫办
组织编写. -- 北京 ：研究出版社，2021. 1
ISBN 978-7-5199-0775-4

Ⅰ. ①一… Ⅱ. ①国… Ⅲ. ①扶贫－工作经验－案例
－中国 Ⅳ. ① F126

中国版本图书馆 CIP 数据核字（2021）第 051505 号

一镇三村脱贫攻坚案例研究
YIZHEN SANCUN TUOPIN GONGJIAN ANLI YANJIU
国务院扶贫办　组织编写
责任编辑：寇颖丹

研究出版社 出版发行
（10011　北京市朝阳区安华里 504 号 A 座）
河北赛文印刷有限公司　新华书店经销
2021 年 6 月第 1 版　2021 年 6 月北京第 1 次印刷
开本：710 毫米 ×1000 毫米　1/16　印张：13.25
字数：170 千字
ISBN 978–7–5199–0775–4　定价：32.00 元
邮购地址 100011　北京市朝阳区安华里 504 号 A 座
电话（010）64217619　64217612（发行中心）

“新时代中国县域脱贫攻坚研究丛书”
编审指导委员会

《一镇三村脱贫攻坚案例研究》编写组

主　　编：骆　军　杨　浩　覃志敏　丁建军

编写人员：何家伟　陆汉文　李金督　韦东阳　彭延炼

骆　希　孙锦杨　叶恒雨

目　录

第一篇

ONE

闽宁镇："从干沙滩走向金沙滩"

——习近平总书记关于东西部扶贫协作重要论述的生动实践

第一章 闽宁镇的前世今生

长期以来，东西部地区发展差距大的历史遗留问题，一直困扰着中国经济和社会的健康发展。20 世纪 70 年代，宁夏西海固地区被联合国粮食计划署专家认定为“不适宜人类生存的地方”。1990 年 10 月，在国家扶贫开发政策支持下，宁夏组织西海固地区的西吉、海原两县 1000 多户贫困群众搬迁到贺兰山东麓的永宁县，在戈壁荒滩上建立了玉泉营和玉海经济开发区两处“吊庄”移民点，开始了西海固地区有组织的生态搬迁扶贫。这便是闽宁镇的前身。

1996 年，中央决定实施东西部扶贫协作，由福建对口协作帮扶宁夏。同年 10 月，福建省成立对口帮扶宁夏领导小组，时任福建省委副书记的习近平担任组长；11 月，习近平同志在福州主持召开闽宁对口扶贫协作第一次联席会议，拉开了闽宁对口扶贫协作的大幕。几十年来，闽宁镇的群众与贫困的斗争一刻未曾停歇。本章梳理了闽宁镇从无到有的历史，回顾了习近平总书记三顾宁夏、始终心系闽宁人民的殷殷嘱托，简要介绍了闽宁镇开展脱贫攻坚工作的历史背景，这对于我们全面把握闽宁精神有重要意义。

一、苦甲天下的西海固

西海固位于宁夏南部地区，干旱少雨、交通不便，自然灾害频发，素有“苦瘠甲天下”之称。历史上，南部山区的西吉、海原、固原曾成立过西海固回族自治区（另含宁夏的隆德县和甘肃的静宁、靖远两县的部分地区），人们习惯上把这一地区统称为“西海固”。[①]

（一）宁夏的总体贫困情况

宁夏位于我国西北部，与陕西、甘肃、内蒙古交界，是中国面积较小的省区之一。因南北地理位置、自然资源的差异，以及社会经济发展的历史背景不同，宁夏南北地区的经济发展差距十分显著。宁夏北部地区有着优越的自然条件，黄河贯穿其中，水土资源充足，光照强，农业发展基础良好，是宁夏农业的精华之地和西北地区重要的商品粮基地之一；南部山区干旱少雨，自然条件差，山大沟深，近代人口猛增，土地载荷重，水土流失严重，水资源匮乏，自然灾害频繁，农业生产力低下而且不稳定，是全国最为贫困的地区之一。

1. 新中国成立之初的宁夏

新中国成立初期，宁夏生态环境十分恶劣，土地沙化、荒漠化问题十分严重，“一年一场风，从春刮到冬，风吹石头跑，地上不长草”，中部干旱带极度缺水，“剖开一粒土，半粒在喊渴”。呈现出一幅长期饱受沙海侵扰的景象。1949 年宁夏的地区生产总值仅仅有 1.13 亿元，一二三产业比重为 84.1∶3.5∶12.4，人民主要依靠农业为生。1950 年地方财政收入仅有 0.11 亿元，1957 年城乡居民人均可支配收入仅为 216 元和 102 元。[②]当时的宁夏经济发展十分落后，经济规模小，经济实力弱，工业领域几乎是一片空白，只有一家面粉厂、一座枪械厂和一些手工作坊。同时宁

① 杜银杰、周云峰、李鸿儒：《闽宁镇二十年》，银川市政府研究室（扶贫办主编），2016 年 11 月，第 7 页。

② 《“数说”宁夏 70 年辉煌成就：点点滴滴看变化》，宁夏新闻网，http://www.nxnews.net/yc/jrww/201909/t20190905_6407427.html，2019 年 9 月 5 日。

夏的交通运输业基础十分薄弱，没有一寸铁路，绵延几百千米的黄河上没有一座大桥。

2. 改革开放之后的宁夏

改革开放以来，宁夏经济增速连续9年超过10%，年均增长11.4%，高于全国平均水平。尤其是2007年，在遭遇特大旱灾的情况下，山区8县的农民人均纯收入达到2214.93元，为21世纪以来增长最快的一年，提前3年实现了《宁夏农村扶贫开发规划2001—2010年》确立的目标。贫困地区农民收入增幅连续3年高于全国592个国定贫困县的平均水平。[①] 2011年，六盘山集中连片特困地区共修建高标准旱作基本农田337万亩，累计打井窖50万眼，建设了一批人畜饮水工程，解决了91万人的饮水困难问题，10万农户危房危窑得到改造。尽管宁夏农民人均纯收入近年来得到了显著的增长，但是与全国的人均收入水平相比仍然存在较大的差距。具体说来，宁夏地区农民人均纯收入与全国农民人均纯收入的差距由1978年的17.7元拉大到了2009年的1104.87元，且宁夏城乡居民收入比总体上也呈拉大趋势，2009年该比值为3.46∶1，不仅比1978年的2.986∶1高，而且还大于全国3.33∶1的落差。[②]

3. 宁夏的集中贫困地区

宁夏贫困地区主要集中在西海固地区，分为南部山区和中部干旱带两个区域，是全国14个集中连片特殊困难地区之一，也是宁夏回族自治区全面建设小康社会的重点和难点地区，涵盖中南部9县（区）及沙坡头区、中宁县、灵武市部分山区和黄灌区的老移民安置区。其中，包含8个国家扶贫开发工作重点县，覆盖132个乡镇1560个行政村。中华人民共和国成立以来，党中央、国务院始终深切关怀西海固地区贫困

①② 《宁夏的扶贫开发》，宁夏党史学习教育网，http://www.nxdsw.net/dsyj/cxllyj/201807/t20180724_625.html，2015年9月26日。

群众的生产生活问题，历届自治区党委、政府也一直致力于发展生产、消除贫困，每逢自然灾害发生、群众生活困难之时，各级党委、政府都从多方面对受灾群众进行救济，并不断完善社会救济制度。1972 年初，周恩来总理指示召开国务院“宁夏固原地区工作座谈会”，加大了对该地区的扶持力度，当地人民生产生活得到改善。但是，由于多方面的原因，该地区的贫困状况一直持续。到1982年，农民人均纯收入只有44元，70% 以上的农户不能维持基本温饱。① 2012 年底贫困地区农民人均纯收入为 4590.5 元，是全国最大的回族聚居区和典型的老、少、边、穷地区之一。

（二）西海固的特殊贫困概况

西海固位于中国西部，宁夏回族自治区南部，是黄土丘陵区的西吉、海原、固原、彭阳、同心等七个国家级贫困县的统称，总面积 3.04 万平方千米，240 多万人口，占宁夏面积的一半。这里生态环境脆弱，自然灾害频繁，干旱少雨，土地瘠薄，资源匮乏，交通不便，信息闭塞，经济与社会发展十分缓慢。这里是回族人口聚集地，贫困人口集中，许多农民群众长期生活在极端贫困中，素有“苦瘠甲天下”之称，是中国最贫困的地区之一，也是扶贫开发的主战场。

1.“靠天吃饭”

全国 592 个国家贫困县中，宁夏就有 8 个县，都集中于南部山区，该地区被国家列入重点扶贫地区之一，这就是西海固。这里常年干旱，年降雨量在 300 毫米左右，蒸发量却在 1000 毫米以上；自然地理环境极其恶劣，旱、涝、冻、雹等自然灾害频繁，多风沙，黄土丘陵区广布，地貌以断块

① 《扶贫攻坚，宁夏走过的三十年》，宁夏新闻网，http://nx.cnr.cn/xwzx/xw/201410/t20141017_516612381.shtml，2014 年 10 月 17 日。

山区、黄土丘陵为主，地势高下悬殊，沟壑纵横，水土流失严重（多数地区年土壤侵蚀模数达 3000 至 7000 吨 / 平方千米），生态环境脆弱。西海固地处黄土高原及向干旱风沙区的过渡地带，严重缺水。西海固人最大的生活瓶颈就是缺水，缺水扼杀了这里的生机。即使再高产的玉米，面临干旱的田地，其收成也是很难满足西海固地区人民的基本生存之需。老百姓只能靠天吃饭，即便是风调雨顺之年，人们也无法解决温饱问题，生活极度艰苦。

2. 人口激增

长期以来，西海固地区人口激增。这里分布有 8 个国家扶贫开发工作重点县和省定扶贫开发工作重点县（红寺堡区），聚居着 230 万回族群众和近百万贫困人口。据统计，1949 到 1994 年，西海固地区人口增长了 3.19 倍。其中：干旱地区人口密度已达 31 人 / 平方千米，是临界值（7 人 / 平方千米）的 4.4 倍；半干旱地区人口密度 84 人 / 平方千米，是临界值（20 人 / 平方千米）的 4.2 倍。人口激增导致人均占有生活资料每况愈下，人均耕地面积由1949年的14.9亩下降到1980年的4.2亩。[①] 恶劣的自然环境、过多的超载人口使得原本就比较脆弱的生态环境更加恶化。20 世纪 70 年代，宁夏西海固地区被联合国粮食计划署专家认定为"不适宜人类生存的地方"。1982 年，西海固地区农民人均纯收入只有 126 元，人均有粮只有 88 公斤，贫困程度深，贫困发生率高达 74.8%，扶贫开发任务十分艰巨。2011 年，西海固地区被国家列入六盘山集中连片特殊困难地区，西海固成为新一轮扶贫攻坚的主战场。

3. 五大难题

薄弱的基础设施、传统的生产方式、落后的思想观念、严重超载的人

---

① 杜银杰、周云峰、李鸿儒：《闽宁镇二十年》，银川市政府研究室（扶贫办主编），2016 年 11 月，第 8 页。

口、大面积破坏的植被、教育和医疗资源的匮乏、劳动力素质低下等导致西海固面临着亟待解决的五大难题。一是吃水难：十年九旱，中部干旱带人畜饮水是最大的问题。老百姓要肩挑驴驮到几十里外取水。天不下雨，几十万人畜没有水吃。二是行路难：纵横交错的沟壑峁墚阻隔了人们与外界的联系，大部分村落不通公路。民谣说："交通基本靠走，宣传基本靠吼。"三是上学难：中华人民共和国成立初期，西海固没有一所像样的中学，乡村小学奇缺，校舍破旧、教师团队老龄化。到 1988 年，还有大量的适龄儿童失学，其中女童占 84%，回族儿童占 92%。四是看病难：医疗资源极度贫乏，缺医少药成为普遍现象，老百姓看病难、看病贵，因病致贫、因病返贫成了长期困扰西海固的顽疾。五是种粮难：人口超载，25 度以上坡地被大量垦殖，水土流失加剧。原始的耕作方式和广种薄收的生产方式，导致大旱年份颗粒无收。

二、吊庄移民，开始新里程

"吊庄"一词产生于宁夏扶贫过程中，是中国扶贫开发史上的独创。吊庄的原本含义就是指一户人家走出去一两个劳动力，到外地开荒种植，就地挖窑洞搭窝棚，再建一个简陋而仅供暂栖的家，这样一户人家居在两处，"吊"在两个地方，故称之为"吊庄"。[①] 吊庄移民就是组织和动员生活条件艰苦地区的人民，移居至具有开发潜力的地方。吊庄移民的目的在于，一方面减轻原居住区的人口超载压力，缓和人与自然资源的矛盾，有利于改善人地关系，保护自然资源；另一方面能够改善新移居地的生态环境，有利于生态系统的平衡。

---

① 杜银杰、周云峰、李鸿儒：《闽宁镇二十年》，银川市政府研究室（扶贫办主编），2016 年 11 月，第 14 页。

（一）"三西"建设计划

三西地区是指甘肃河西地区19个县（市、区）、甘肃中部以定西为代表的干旱地区20个县（区）和宁夏西海固地区8个县，共计47个县（市、区），总面积38万平方千米，农业人口约1200万人。甘肃中部和宁夏西海固地区年降水量150毫米至450毫米，蒸发量却高达1500毫米至2200毫米，干旱缺水，十年九旱；人口增长过快，土地资源相对超载，水土流失严重，生态环境恶化；经济文化落后，长期依靠国家救济，是历史上著名的"苦瘠甲天下"的贫困地区。

1."三西建设"计划第一个十年

中华人民共和国成立以后，党中央、国务院始终深切关怀着西海固地区贫困群众的生产生活。1972年国务院在北京召开固原地区工作座谈会，专门研究固原地区执行民族政策和经济建设等方面存在的问题。随即，国务院派遣医疗队赶往西海固为群众防病治病，部队紧急调拨10万件棉衣送到西海固人民手中。1982年12月，中央财经领导小组召开会议专题研究"三西"（甘肃定西、河西和宁夏西海固）地区发展问题，计划用10至20年的时间，每年拨专项资金2亿元，对"三西"地区进行扶贫攻坚。"三西建设"计划是我国改变"三西"地区农业生产基本条件和扶贫开发的专门项目，由此开我国有计划、有组织、大规模扶贫开发之先河。

1983年3月，"三西"农业建设正式开始。自治区党委、政府成立了西海固扶贫开发领导小组和农业建设指挥部，制定了《宁夏西海固农业建设规划》和《尽快解决西海固农村贫困人口温饱问题的决定》，确定了"有水路走水路，没水路走旱路，水旱路不通另找出路"的方针和"大力种草、种树，兴牧促农，因地制宜，农林牧副全面发展"的扶贫开发思路，提出"3年停止生态破坏、5年解决群众温饱、10年改变面貌"的目标，计划用 10 年时间，分三个阶段，进行农业专项建设，并采取一系列综合措施全面开展扶贫开发建设。第一阶段（1983—1985 年），为 3 年停止破坏阶段。主要是针对生态破坏加剧的情况，从保护和恢复该地区的生态条件入手，着手退耕还林、种草种树、推广节能灶等，停止滥垦乱伐、毁林毁草，妥善解决燃料和饲料问题，发展畜牧业。第二阶段（1986—1990 年），为 5 年解决温饱阶段。主要是以人均收入 300 元（包括人均有粮 300 公斤）和能经受住 3 年大旱的考验为标准，以加强农业基础建设为重点，进行基本农田建设、水利建设、人畜饮水工程建设、林草建设、农电建设等，增强抗御自然灾害的能力。第三阶段（1991—1992 年），为两年巩固提高阶段。主要是在前 8 年的基础上巩固已有成绩，全面完成党和国家确定的 10 年工作任务，达到"基本解决温饱，初步改变面貌"的目的。①

2."三西建设"计划十年成效

经过 10 年的"三西"农业建设，在甘宁两省区党委、政府的领导下，经过广大干部、群众的共同努力，五年建设取得了显著成绩。"三西"地区广大干部和群众的精神面貌发生了很大变化。过去这里等待救济、无所作为的思想很严重，现在自上而下奋发图强，人民群众对改变贫穷面貌开始有了信心。自治区利用国家投入的 33631.07 万元"三西"专项资金，在西海固地区新修水浇地 50.52 万亩，新建饮水工程 85 处，打井打窖 17.7 万眼，兴修旱作"三田"183 万亩；创办吊庄移民基地 15 处，安置移民 19.3 万人。西海固地区群众不得温饱的贫困状况大为缓解，人均纯收入在 200 元以下的农村贫困人口，从 1983 年的 70%以上下降到 15.7%。但是，自然条件极度恶劣的西海固地区，1993 年尚未解决温饱的贫困人口还有

① 《宁夏的扶贫开发》，宁夏党史学习教育网，http://www.nxdsw.net/dsyj/cxllyj/201807/t20180724_625.html，2015 年 9 月 26 日。

139.8 万人，其中人均年收入在 300 元以下的特困人口还有 63.9 万人，占西海固地区农村人口的 32%。西海固地区的扶贫任务仍然十分艰巨。[①]

经过前 10 年“三西”农业建设的推动，甘肃中部干旱地区和西海固地区的粮食产量有较大幅度的提高。在“三西”农业建设中，“三西”地区创造了固本抓基、兴林、兴草、促畜、小流域治理、自然生态的综合平衡、能源开发、大办乡镇企业、科技兴农、智力开发、移民、劳务输出、市场经济、扶贫开发等综合性的实践模式，社会生产力普遍得到了提高，实践取得的成功举世公认。“三西”农业建设在实践上的巨大成功，给人类社会提供了消灭世界绝对贫困的实践模式及其价值。[②]

（二）吊庄移民新征程

从 20 世纪 70 年代开始，对居住在生存条件极端恶劣、自然资源极其贫乏地方的贫困农户，自治区实行有计划、有组织、分阶段地搬迁移民。1983 年 5 月和 7 月，宁夏回族自治区党委、政府先后两次召开扶贫移民工作会议，作出了“以川济山、山川共济”的移民吊庄决策，在潮湖、芦草洼、大战场等地建设移民吊庄点。1984 年，吊庄移民基地建设暂行管理办法出台。1985 年，吊庄移民工作大规模展开。

1. 1991 年前的计划

依据“三西”建设的指导方针，从 20 世纪 80 年代开始，宁夏回族自治区按照党中央的决策部署，开始实施西海固地区的生态移民搬迁，动员当地一部分贫困群众，搬迁到近水、近路的地方，重建自己的家园，宁夏将其称为“吊庄移民”。吊庄移民中大多是西吉县贫困带上的贫困户，他

---

① 《宁夏的扶贫开发》，宁夏党史学习教育网，http://www.nxdsw.net/dsyj/cxllyj/201807/t20180724_625.html，2015 年 9 月 26 日。

② 郭继强：《“三西”建设在开发扶贫中的实践模式及其价值》，《扶贫与发展》1996 年第 5 期。

们家庭底子薄、经济基础差、生活比较困难，是扶贫的主要对象。1990年10月，在国家“三西”扶贫开发政策支持下，宁夏组织西海固地区西吉、海原两县1000多户贫困群众搬迁到贺兰山东麓的永宁县，在戈壁荒滩上建立了玉泉营和玉海经济开发区两处“吊庄”移民点，开始了西海固地区有组织的生态搬迁扶贫。为了摆脱贫困，不少村民选择移民，重新建设自己的家园。但当时的移民工作难度极高，搬迁农户从建房至搬迁约花费2万元，已远远超出搬迁农户承受范围；新开发的土地投入大，改造期限长，一部分农户因无力投资，致使部分土地撂荒，搬迁农户的口粮没有保障，粮食供给主要依靠原籍土地，这导致有些搬迁户两头奔波，过着“候鸟生活”。

2. 1991年后的移民概况

1991年西吉县政府召开吊庄移民会议，成立了西吉县玉泉营吊庄建设办公室，通过了西吉县《搬迁计划报告》，还提出了具体的搬迁办法，这次搬迁涉及了西吉县、海原县共29个乡，是一次政府组织的有计划的吊庄移民。1992年，考虑到“三西”地区部分群众还没有解决温饱问题，农业生产基本条件还没有得到根本改善，部分地区人畜饮水仍很困难，一些工程项目尚未完工，国务院决定:“三西”农业专项建设资金再延长投放十年，每年安排2亿元。

1995年，经过批准建立的县外集中连片吊庄有11处，县外插户吊庄有3处，山区县内吊庄6处，总共有移民吊庄20处。1996年在中央“两个大局”战略指引下，福建与宁夏建立扶贫协作对口帮扶关系，拉开了闽宁对口帮扶协作的序幕。1997年时任福建省委副书记的习近平在宁夏考察时，提议在此设立一个以福建、宁夏两省区简称命名的移民开发区，提出了“两年建成、三年解决温饱、五年脱贫”的战略思维，开了全国有组织易地搬迁扶贫的先河。2001年12月7日，经宁夏回族自治区人民政府批准，在闽宁村的基础上成立了闽宁镇。新成立的闽宁镇，行政隶属由西海固地区的西吉县划归银川市永宁县管辖，解决了易地搬迁移民的属地管理问题，使闽宁镇扶贫开发有了更加稳固的体制机制支撑。此时的人口达到1.4 万人，由原定的1个行政村发展成为5个行政村。

党的十八大以来，闽宁镇进入快速建设发展阶段。基础建设得到很大的改善，菌草、黄牛、葡萄、劳务四大产业初具规模，教育、文化、卫生等社会事业快速发展，同时高标准建成原隆村生态移民村，全镇人口规模达到6.6 万人，成为全国重点乡镇、现代化的生态移民示范镇。2017年6月6日，中共宁夏回族自治区第十二次代表大会提出，落实中央东西部扶贫协作战略部署，深化闽宁对口扶贫协作。闽宁镇这个塞上移民镇，乘着东西部扶贫协作的东风，走上了经济社会协同发展的康庄大道。

三、总书记三顾宁夏

1994年，国家实施“八七”扶贫攻坚计划，宁夏实施“双百”扶贫攻坚计划。1996年，党中央、国务院按照邓小平同志提出的“两个大局”的战略构想，决定实施东西部对口扶贫协作，部署经济较发达的9个省（市）和4个计划单列市分别帮扶经济欠发达的10个省（自治区），加快扶贫攻坚进度。1996年9月，中共中央、国务院召开中央扶贫开发工作会议，确定福建省与宁夏回族自治区为东西部对口扶贫协作帮扶关系。1996年10月，习近平同志担任福建省对口帮扶宁夏回族自治区领导小组组长。11月，习近平同志在福州主持召开闽宁对口扶贫协作第一次联席会议，闽宁协作的历史长卷也由此展开。西海固200多万回汉人民的命运开始发生巨变。

（一）一顾宁夏：对口扶贫开创“闽宁模式”

1997 年 4 月 15 日至 21 日，习近平同志率团到宁夏调研考察，深入宁夏南部贫困山区访贫问苦。习近平同志边调研、边思考、边规划闽宁对口扶贫协作。1997 年 4 月 17 日，习近平同志到西吉玉泉营吊庄移民区（后定名为“闽宁村”）考察移民吊庄情况，并视察了学校、看望了移民群众。1997 年 4 月 18 日至 21 日，习近平同志带队深入宁夏西海固贫困地区调研，先后访问了同心县河西镇建新村吊庄移民搬迁户、同心县喊叫水乡周家段头村贫困户等 4 户群众，现场考察了海原县冯川村窖蓄微灌示范区、西吉县梯田建设、西吉县新营乡马铃薯加工、隆德县联财乡、神林乡土圆井建设和中药材种植等，还参观了陕甘宁边区革命旧址——豫海县回民自治政府，并与回族阿訇合影。这是一次具有深远意义的考察。考察结束后，他鼓励福建援宁挂职干部发扬红军长征精神，一定要静下心来，要耐得住寂寞，搞好对口帮扶工作。要把东部的经验带过来，把西部的精神带回去。

习近平初次来到闽宁镇时，他被此处的贫困现状深深震撼了。为了解决“一方水土养活不了一方人”的现状，习近平着重抓了几件事：一是“坡改梯”，建了不少梯田。二是发展洋芋马铃薯生产，加工成饲料卖给东部一些地方用来饲养鳗鱼，这一项举措带动当地人均增收一二百元。三是抓井窖工程，解决群众生活用水问题。再有一个大动作，就是重点实施了“移民吊庄”工程，让群众搬迁到适宜生产生活的地方，建起了闽宁村。在他的建议下，同年召开的闽宁两省区第二次联席会议确定，以玉泉营开发区黄羊滩“吊庄”移民点为主体，集中力量共同建设以福建和宁夏两省区简称命名的闽宁村，作为两省区对口扶贫协作的示范窗口。从此，贺兰山东麓这片毫无生机的“干沙滩”开始沸腾起来，并逐步发展成接收生态移民、助力贫困群众脱贫致富的“金沙滩”。

（二）二顾宁夏：心系贫困群众，想方设法解决实际困难

从1996年到2002年，在长达6年的岁月里，习近平同志亲自组织和推动了闽宁对口扶贫协作。又是6年过去了，他依然牵挂着六盘山区乡亲们的冷暖。2008年，还是那个万物复苏的季节，时任中共中央政治局常委、中央书记处书记、国家副主席的习近平同志再次来到宁夏，来到六盘峁墚、黄河两岸。这次来宁夏，他主要是想实地了解更多困难，并想方设法去解决这些问题。习近平十分牵挂贫困群众，他深入田间地头了解春耕生产，走访农户了解实际生活水平，进入社区、企业、工业园等地进行实地考察，了解当前出现的瓶颈问题。在这次考察中，习近平提出"要以改善民生为重点，进一步加大扶贫开发力度，继续大力开展就业指导、城乡医疗救助、困难家庭学生助学、农村五保户供养、教育救助、司法援助等工作，把党和政府的关怀送到千家万户"。[①] 习近平对宁夏的扶贫工作极为重视，他向人民承诺会想方设法解决群众的更多困难，并且会再次来看望他们。

（三）三顾宁夏：看扶贫实际情况，为村民算收支账

2016年7月18日至20日，习近平总书记第三次来到宁夏。7月18日，他从北京直飞固原，然后驱车70多千米到将台堡，向红军长征会师纪念碑敬献花篮并参观三军会师纪念馆。习近平同志说，长征永远在路上。这次专程来这里，就是缅怀先烈、不忘初心，走新的长征路。他深入农村、企业，就落实"十三五"规划、推动经济社会发展、推进脱贫攻坚调研考察。7月19日，习近平总书记再次来到闽宁镇。他实地察看了移民搬迁安置和脱贫产业发展情况，深情回忆20年前在福建工作时直接推动闽宁协

---

① 杜银杰、周云峰、李鸿儒：《闽宁镇二十年》，银川市政府研究室（扶贫办主编），2016年11月，第21页。

作的情景。他说，1997 年他来到这里，被当地的贫困状态震撼了，下决心贯彻党中央决策部署，推动福建和宁夏开展对口帮扶。那时，重点实施了“移民吊庄”工程，让生活在“一方水土养活不了一方人”那些地方的群众搬迁到适宜生产生活的地方，建起了闽宁村。20 年来，闽宁村发展成了闽宁镇，当地收入也从当年的人均 500 元增加到现在的 1 万多元，翻了 20 倍。我们要把这个宝贵经验向全国推广。最后他祝愿乡亲们生活越来越好，宁夏脱贫奔小康的目标早日实现。7 月 20 日，习近平总书记在银川主持召开东西部扶贫协作座谈会并发表重要讲话。他殷切嘱咐宁夏人民：“努力实现经济繁荣、民族团结、环境优美、人民富裕，确保与全国同步建成全面小康社会。”

第二章　东西部扶贫协作中的闽宁镇

绝不让一个贫困群众掉队，确保到2020年现行扶贫标准下农村贫困人口全部脱贫，让全国人民共同迈入全面小康社会。这是以习近平同志为核心的党中央向全世界作出的庄严承诺。党的十八大以来，习近平总书记高度重视扶贫开发工作，在重要会议、重要场合、关键时点，就扶贫开发提出一系列新思想新观点，做出一系列新决策新部署，为打赢打好精准脱贫攻坚战提供了行动指南和根本遵循。东西部结对牵手、扶贫协作，是习近平扶贫论述的一个焦点，是深具中国特色的“扶贫故事”，是世界减贫大业中引人瞩目的“中国篇章”。闽宁镇就是这一“中国篇章”中的精彩案例。

一、创立奠基阶段：1996—2002年

从1996年到2002年是闽宁扶贫协作创立奠基阶段。闽宁两省区建立了省（区）、地市和县（市、区）三级扶贫领导机构协作机制和市县（区）结对帮扶机制，探索和实践了企业参与、产业协作、科技扶贫、教育扶贫、医疗卫生扶贫和公益事业、生态环境保护与建设等扶贫形式，实施了互派干部挂职交流、劳务培训和定向劳务输出等协作措施，开展了“千村扶贫开发工程”、“井窖工程”、“移民吊庄开发”、闽宁村建设等项目工程，签署了一批对口帮扶协议，闽宁协作取得明显成效。

（一）闽宁对口扶贫第一、二次联席会议概况

习近平在1996年闽宁对口扶贫协作第一次联席会议上，创造性提出了“市县结对帮扶”“互派挂职干部”“部门对口协作”“企业合作”等扶贫机制，并且选出沿海地区8个经济实力较强的县（市、区）对口帮扶宁夏的8个贫困县。在接受宁夏电视台采访时，习近平说：“要动员更多的企业到宁夏去找市场，到宁夏去搞开发，结成一些联合体、共同体，共同发展。”[①] 闽宁对口帮扶工作开始进入实际操作阶段。

在1997年4月16日召开的闽宁对口扶贫协作第二次联席会议上，习近平从福建和宁夏两地实际出发，运用辩证思维、系统思维的科学方法，明确提出了“宁夏和福建所处的地理位置和自然环境有着明显的不同，彼此协作具有较强的互补性”，提出了“引进市场机制”“搭建对外开放平台”“推动两省区经济社会持续、快速、健康发展”等重要论述。确立了闽宁对口扶贫协作的方向，针对闽宁两地的地理位置和自然环境的不同，提出“优势互补、互惠互利、长期协作、共同发展”的指导原则。动员更多的国有、乡镇、“三资”、民营企业的企业家到宁夏投资办厂。通过广泛开展经贸协作、培植扶贫支柱产业、扩大劳务输出、加强资源和山地开发、兴办社会公益事业和加强干部交流、人才培训等多种途径，促进宁夏贫困地区尽快脱贫，推动闽宁两省区经济和社会持续、快速、健康发展。福建省委和全省人民决心按照中央的要求和闽宁对口扶贫协作第二次联席会议精神，以“不到长城非好汉”的豪迈气概，同

① 杜银杰、周云峰、李鸿儒：《闽宁镇二十年》，银川市政府研究室（扶贫办主编），2016年11月，第25—26页。

宁夏各族人民一起全力以赴，扎实有效地做好对口扶贫协作工作。[①]第二次联席会议和习近平讲话精神，对于闽宁对口扶贫协作五项机制的建立具有里程碑意义。

（二）闽宁对口扶贫协作第三、四次联席会议概况

在1998年召开的第三次联席会议上，习近平进一步明确了包括“以基本解决贫困人口的温饱问题为重点全面推进两省区对口扶贫协作工作”“以产业协作为基础，构筑跨世纪的全面合作新关系”“进一步加大企业和社会力量扶贫协作的规模和力度”“切实抓好教育、科技和人才的扶贫协作”的指导方针。本次联席会议决定在指导思想、产业协作、企业合作、社会帮扶、教育扶贫、科技扶贫、公益事业等方面进一步发展和完善了闽宁对口扶贫协作的体制机制和具体措施，为闽宁对口扶贫协作的发展奠定了基础。

根据西部大开发的重点和宁夏扶贫工作的实际，2000年闽宁对口扶贫协作第四次联席会议提出在巩固对口扶贫已经取得的成果基础上，进一步加强科技交流和合作、继续开展干部交流和人才培训、扩大两省区企业和社团间交流与合作、大力推进农业经济的交流与合作，关心和参加宁夏的生态环境保护与建设、增加宁夏对闽宁劳务输出、加强旅游和文化产业合作等重要事项，会议还安排了巩固提高80个闽宁温饱示范村，扶持1000户农户发展菌草技术，修建基本农田，扶持发展畜牧业、种养业，加强劳务输出培训和跟踪管理等项目。会议提出农业产业化和高新技术产业、信息化建设等更宽领域的科技合作，并且首次提出了“加强旅游和文化产业的合作”。

① 杜银杰、周云峰、李鸿儒:《闽宁镇二十年》，银川市政府研究室（扶贫办主编），2016年11月，第26页。

（三）闽宁对口扶贫协作第五、六次联席会议概况

2001 年第五次联席会议的主要内容可以概括为：巩固成果、加强协作，以解决贫困人口温饱问题为中心。这次会议提出了六项任务，分别是市县结对、干部交流、企业合作、劳务协作、科技合作、生态环境保护与建设等。在这次会议上，各对口协作部门签订了涉及干部挂职与培训、教育帮扶、计划生育、"母婴平安 120 行动"、劳务合作、菌草技术扶贫及企业技改扩建协作等合作协议。福建省计生委与宁夏计生委签订的《计划生育帮扶协议书》标志着闽宁对口扶贫协作开始深入计划生育领域。

2002 年闽宁对口扶贫协作第六次联席会议根据新时期扶贫开发的特点，调动各方面力量，创新帮扶机制，拓宽合作领域，扩大协作规模，增强帮扶力度，配合宁夏实施"千村扶贫开发工程"。福建省 2002—2005 年每年将继续安排 1500 万元资金无偿支持宁夏，主要用于贫困地区扶贫开发重点村的特色种养业、产业开发、推广菌草技术以及环境保护为中心的小河流域综合治理，农业科技及产品的试验示范和推广开展农业实用技术和培训等。促进扶贫开发工作重点村在科技、教育、文化、卫生等方面发展和提高，研究和探索在生态保护和建设，小流域综合治理等方面的合作途径，推动闽宁对口扶贫协作再上新台阶。

在第二次至第六次联席会议期间，提出了实施"井窖工程""坡改梯""移民吊庄开发""希望小学建设""培植扶贫支柱产业""扩大劳务输出""加强科技教育卫生帮扶""加强人才培训""加强山地资源开发""加强生态保护建设和小河流域综合治理"等因地制宜的扶贫开发措施，把福建的人才、资金、科技、经验、市场等要素植入宁夏"肌体"，促进了"扶贫、造血"机能的形成，为宁夏扶贫开发注入了活力，推动了闽宁两省区经济社会持续快速健康发展。

二、实践发展阶段：2003—2012 年

2003 年到 2012 年是实践发展阶段。闽宁两省区根据新时期扶贫开发的特点，先后召开了 10 次对口扶贫协作联席会议，以互助互学为主要方向，以保障和改善民生为首要任务，以宁夏“千村扶贫开发工程”“整村推进”“生态移民”“内陆开放型经济试验区建设”为依托，不断探索新路子、培育新机制，进一步加大帮扶力度、拓宽合作领域、丰富协作内涵、构筑合作交流平台，推动对口扶贫协作和经贸合作全面发展。

（一）闽宁对口扶贫第七至九次联席会议概况

2003 年召开的闽宁对口扶贫协作第七次联席会议全面总结和高度评价了闽宁对口协作 7 年取得的优异成绩，并提出要结合西部大开发和宁夏千村扶贫工程的实施，重点做好项目带动，巩固和扩大扶贫协作的成果，进一步加大劳务合作力度；进一步加强两省区的经济协作；菌草技术扶贫要向宁夏本地化发展；继续坚持市县结对、互派挂职干部的做法；继续加强教育、卫生、文化等领域的交流与合作；进一步加强两省区的经济协作。2004 年第八次联席会议提出，进一步加强教育、卫生、文化等领域的交流合作；继续加强两省区在电视转播、文化交流、文物保护以及工会、青年、妇女组织等方面的交流与合作。这为扩大闽宁协作的全方位合作与交流奠定了基础。福建援助宁夏 1500 万元资金主要用于扶持万户菌草产业工程、万名劳务输出人员培训工程、万名失学儿童救助工程以及种草养畜、坡改梯、特色种养等项目。此外福建还安排 300 万元实施项目带动，扩大扶贫协作成果，并且提出力争到 2005 年 10 月，再引进几家福建企业到宁夏投资办厂。2005 年召开的第九次联席会议进

一步强调闽宁协作的重点要放在整村推进、劳动力转移培训、产业扶贫方面，推动闽宁协作向深入推进、务求实效的方向发展。

（二）闽宁对口扶贫第十至十二次联席会议概况

2006 年召开的第十次联席会议议定，着力构建对口帮扶、干部交流、人才提升、劳务合作、企业创业、科教卫生协作和社会参与平台，把闽宁协作推向更高层次、更宽领域、更广范围。2007 年召开的第十一次联席会议议定，结合农村建设，继续实施项目带动、加大农村劳动力转移培训力度，坚持人才交流培训，加强经济协作、农业科技合作，推进教育卫生对口帮扶，引导更多的部门和社会组织参与闽宁协作。

2008 年召开的第十二次联席会议议定，两省区进一步加大力度，提升水平，拓宽领域，全面推进。重点要做好四个方面的工作：一是认真贯彻落实《国务院关于进一步促进宁夏经济社会发展的若干意见》，进一步创新对口协作机制，携手争创全国东西部对口协作示范省区。二是促进福州、厦门至银川空中航线开通，共同开辟东南沿海—台湾地区—宁夏经贸合作的通道与平台，推动福建及台湾地区与宁夏的经贸交流。三是实施项目带动战略，提升宁夏贫困地区产业层次，加快宁夏农业现代化和社会主义新农村建设步伐。四是整合区域优势资源，拓宽帮扶领域，深化协作层次，实现闽宁帮扶协作的新发展，为形成两省区相互促进、优势互补的互动格局提供新平台。2008 年福建省财政在原有 1800 万元无偿援助资金的基础上再新增 300 万元，共 2100 万元，用于重点扶持宁夏山区 8 县和红寺堡开发区基础设施改善，发展优势特色产业，促进社会事业进步，建立闽宁“互助资金”示范点，为加强全方位合作提供了基础设施保障。

（三）闽宁对口扶贫协作第十三至十六次联席会议概况

2009年召开的第十三次联席会议上，闽宁双方议定将积极创新闽宁互学互助对口协作方式，深化现代农业合作，着力培植贫困地区主导产业。福建省承诺安排300万元用于支持宁夏固原市社会事业项目建设。另外双方还议定将大力拓展互学互助对口协作平台，鼓励和吸引更多企业参与两省区全面合作与发展，双方还在引导社会各界参与闽宁互学互助、创新对口协作理念与方式、推动两省区互学互助扶贫协作全面发展方面达成了共识。

2010年召开的第十四次联席会议提出闽宁双方将从四个方面开展帮扶协作：一是宁夏充分利用中央产业引导资金和相对富余的劳动力、土地等生产要素，建设福建产业转移示范区和闽宁产业园，吸引福建企业到宁夏投资，开发能源、化工、医药、旅游及农副产品加工等优势资源。二是挖掘潜在协作空间，重点加强闽宁两省区企业合作、经贸交流、开放开发，实现由项目帮扶为主向经济协作、互惠互利为主转变。三是2010年福建省财政安排2100万元援助资金，重点支持宁夏中南部地区生态移民、人畜饮水、节水灌溉、劳动力转移培训等民生工程建设，发展设施农业、马铃薯、枸杞、中药材、清真牛羊肉等优质特色产业。四是加强两省区市县之间的交流合作，健全定期互访学习制度，完善互派干部挂职机制，继续加大基础教育结对帮扶力度。福建省选派第12批教师赴宁支教，鼓励福建科技、教育等领域人才和学科带头人赴宁创业。

2011年召开的第十五次联席会议提出，支持宁夏生态移民，发挥中阿经贸论坛、“9·8投洽会”“海峡论坛”等平台优势，支持开通厦门至银川直航航班等举措。2012年召开的第十六次联席会议议定，着力推动宁夏百万贫困人口扶贫攻坚，发挥海峡西岸经济区、宁夏内陆开放型经济试验区等平台优势，推动两省区合作向纵深发展，拓宽协作领域，鼓励企业参与“黄河善谷”建设，推动两省区文化旅游产业协同发展。经过十年的洗礼，闽宁协作的深层次合作已经达到一个很高的水平。

三、提升创新阶段：2013 年至今

2013 年至今是提升创新阶段。闽宁两省区不断总结完善原来的做法和经验，抓住“一带一路”重大战略机遇，突出民生援宁、产业对接、社会参与，积极推动宁夏百万贫困人口扶贫攻坚战略实施和内陆开放型经济试验区建设，围绕培育壮大优势特色产业、闽宁产业城建设、金融服务机构跨区域发展、文化旅游发展及两省区空中、网上、陆上丝绸之路建设等，进一步拓宽思路，提升协作水平，推动闽宁协作全面拓展领域，不断取得新突破、新成效。

（一）闽宁对口扶贫第十七、十八次联席会议概况

2013 年召开的第十七次联席会议提出，要实现六个方面的新突破：建设闽宁产业城，在建设产业扶贫造血机制上实现新突破；培育壮大优势特色产业，在促进贫困地区群众增收上实现新突破；推进产学研合作共赢，在创新人才培养模式上实现新突破；推进金融服务机构跨区域发展，在建立闽宁台、港澳侨多方机制上实现新突破；加大旅游文化合作，在推进文化旅游发展上实现新突破；加强部门联动，在推动闽宁协作向纵深发展上实现新突破。

2014 年召开的第十八次联席会议上，闽宁两省区一致认为，闽宁协作下一步应该在领域上不断拓展、内容上不断丰富、层次上不断提升，在务实合作方面取得新成果，创造新经验。会议议定，以共建“一带一路”为契机，推动两省区合作向纵深发展；发挥两省区合作共建优势，推进

闽宁镇经济社会发展；开展精准扶贫，坚持民生优先，把对口协作重点更多地向民生、向基层、向困难群体倾斜，培育壮大区域特色产业；拓宽教育卫生领域合作，实现产学研互利共赢；加大金融合作力度，推动闽宁金融服务机构跨区域发展；加强互动交流，促进两省区社会各界对口协作全面发展。

（二）闽宁对口扶贫第十九、二十次联席会议概况

2015 年召开的第十九次联席会议上，闽宁两省区一致认为，要以十八届五中全会和中央扶贫开发工作会议精神为指导，从四个方面把闽宁对口扶贫协作继续推向前进。一是要研究谋划好闽宁互学互助对口扶贫协作 20 周年活动，在深入总结成功经验的基础上，创新形式、丰富内容、拓展领域，探索提升闽宁合作水平的新措施、新办法，努力把闽宁对口扶贫协作打造成东西部对口扶贫协作的典范。二是要携手共建中阿产业园，福建在石化、建材、轻工方面有优势、有实力，希望积极参与进来，实现闽宁互利共赢。三是要共同打造闽宁镇示范样板，积极引导更多的福建企业来闽宁镇产业园投资，为当地居民创造更多稳定脱贫的就业岗位。四是要主动融入共建"一带一路"中。宁夏是陆上丝绸之路的重要节点，福建是海上丝绸之路的核心区，双方加强合作就能把陆上丝绸之路和海上丝绸之路联系起来，希望双方充分发挥各自优势，推动双向互动，共同服务国家战略。由此可见，参与"一带一路"能够为闽宁两省的共同发展提供一个新的契机。当前，国家正在实施共建"一带一路"，闽宁两省区都是这一大战略的重要支点。面对这一历史机遇，可以充分发挥各自的优势，推动双向互动，用好各类展会平台，大力推动两省区对外招商合作；拓展产业协作，推动、支持和引导两省区企业开展现代农业发展、资源能源开发、基础设施建设等方面的产业合作，进

一步加强文化旅游领域合作，创造闽宁对口协作的新业绩。

2016年召开的第二十次联席会议上，全面回顾总结了闽宁对口扶贫协作20年来开展的工作和取得的成效，对“十三五”时期和今后两年的工作作了部署。这次会议上，双方还形成了会议纪要，多个部门签订了合作协议。会议共征集各类签约项目41个，投资总额240.9亿元，签约项目涉及装备制造、能源化工、新技术新材料和现代化服务业等多个领域。

（三）闽宁对口扶贫第二十一、二十四次联席会议概况

2017年召开的第二十一次联席会议上，两省区就深入贯彻落实习近平总书记在东西部扶贫协作座谈会上的重要讲话精神，进一步深化闽宁对口扶贫协作进行研究部署。双方议定要在产业合作上优势互补、共同发展，抓住深入推进供给侧结构性改革的机遇，充分发挥两省区在产业方面的互补优势，鼓励福建的企业到宁夏投资发展，支持宁夏的企业在福建建项目。要在开放合作上互搭平台、拓展空间，积极参与共建“一带一路”，用好双方的各类展会平台，推动两省区对外招商合作，互相借力、互惠共赢。要在干部帮扶上创新机制、激发内力，进一步深化互派干部挂职、选派专业人才来宁帮助工作机制，扩大频次和规模，加强合作与交流，开创闽宁对口扶贫协作新局面。截至2017年底，全区农村贫困人口减少到23.9万，贫困发生率下降到6%，贫困地区农民人均可支配收入增长到8347元。同年，全国东西部扶贫协作考核中宁夏被评为西部十省区“好”等次。

习近平总书记指出“闽宁协作要继续做好，再接再厉，久久为功”。2018年6月13日召开了闽宁对口扶贫协作第二十二次联席会议，在会议上两省区深入学习贯彻习近平新时代中国特色社会主义思想和党的十九大精神，全面贯彻落实习近平总书记关于东西部扶贫协作的重要讲话和

指示精神，共叙闽宁深厚情谊，共商扶贫协作大计。议定了一批帮扶事项，签订了部门协议 10 个、经贸项目 22 个，总投资 57. 73 亿元，涉及科教文卫、金融服务现代农业、电子信息等多个领域，内容充实、成果丰硕。

2019 年，两省区就签订了合同项目 34 个，计划总投资 131. 2 亿元，涉及现代农业、装备制造、新材料、轻工纺织、生物医药、现代服务业、贸易合作、劳务扶贫等领域，内容充实、成果丰硕。2019 年召开的闽宁对口扶贫协作第二十三次联席会议上，闽宁两省区深入贯彻习近平总书记关于扶贫工作的重要论述、在东西部扶贫协作座谈会上的重要讲话精神，共同研究部署进一步深化闽宁对口扶贫协作工作。双方议定将提高政治站位，树牢“四个意识”，做到“两个维护”，在扶贫协作上更加注重精准施策，在产业协作上更加注重优势互补，在开放协作上更加注重互搭平台，在干部人才协作上更加注重结构优化，合力解决“两不愁三保障”突出问题，合力推进闽宁镇建设发展，把习近平总书记亲自开创的闽宁协作事业不断推上新台阶。2020 年 9 月 4 日，闽宁互学互助对口扶贫协作第二十四次联席会议在银川召开，会上福建省副省长郑建闽和自治区副主席王和山签署了联席会议纪要。

闽宁两省区党委政府牢记“两个大局”思想，坚持把习近平总书记提出的“优势互补、互惠互利、长期协作、共同发展”作为指导原则，发挥党政主导的政治优势，始终把联席推动作为闽宁对口扶贫协作的有力抓手，紧紧围绕脱贫攻坚这条主线，24 年来，联席会议轮替召开，从未间断。每次会议都根据宁夏所需、福建所能进行紧密对接，形成会议纪要和各类合作协议，协作内容得到不折不扣的落实，涉及经济、科技、教育、文化、卫生、干部培养等，扶贫协作内容越来越丰富，层次越来越高，群众得到的实惠越来越多。

第三章　闽宁镇脱贫攻坚的路径

闽宁镇的开发建设是解决“一方水土养活不了一方人”贫困问题的治本之策，成功探索出了易地脱贫的新路子。早在闽宁对口扶贫协作之初，习近平同志就明确指出，扶贫协作要以基本解决贫困人口的温饱问题为重点，以产业协作为基础，加大企业和社会力量扶贫协作的规模和力度。自1997年习近平同志正式命名“闽宁村”后，当地开始培育发展特色产业，大规模地兴修水利、整理土地，引黄入滩，结束了贫困群众靠天吃饭的历史。在福建省的支持下，培育发展起来了全镇第一个产业——菌草产业，从而走上了依靠特色产业增收致富的新路。以产富农、产镇融合是闽宁镇不断繁荣发展的关键，有效破解了贫困群众增收致富的源头活水问题。24年来，闽宁镇的产业发展从一张白纸上起步，在各级党委、政府的规划引导和政策支持下，在福建等有关方面的倾情帮扶下，实现了由最初的传统种植到现在一二三产业融合发展、农业镇向工业镇逐步转变的历史性跨越。近些年，区市县镇四级把培育发展特色产业作为闽宁镇建设发展的重中之重，探索建立政府引资、企业主导、社会参与的产业发展新机制，逐步形成了“种葡萄、养黄牛、抓劳务、建园区”的产业发展新格局，有力地支撑了农民增收。如今的闽宁镇经过从“输血式”扶贫到“造血式”扶贫的蝶变，逐步探索建立起了“政府引资、企业主导、社会参与”的产业发展新机制，形成了“特色种植业、特色养殖业、光伏产业、旅游产业、劳务产业”五大主导产业，成为移民群众致富奔小康的源头活水。本章从产业扶贫、教育扶贫、人才支援三个方面阐述闽宁镇的脱贫路径，这对于将闽宁精神推广到全国、学习闽宁精神、共同致力于打赢脱贫攻坚战具有重要价值。

一、产业扶贫

推进扶贫开发和社会经济发展，首先要有一个好思路。要坚持从实际出发，因地制宜，厘清思路，完善规划，找准突破口。扶贫不是慈善救济，而是要引导和支持所有有劳动能力的人，依靠自己的双手开创美好明天。只有把产业做起来，让移民群众的"口袋"鼓起来、尝到甜头，才能安下心、扎下根，全身心地投身到新家园建设中，才能真正实现搬得出、稳得住、逐步能致富的目标。习近平总书记指出，要脱贫也要致富，产业扶贫至关重要，产业要适应发展需要，因地制宜、创新完善。建立产业带动机制，提高贫困地区自我发展能力。脱贫攻坚的难点之一在于产业扶贫，这是闽宁对口协作实现从"输血"到"造血"转变的关键。通过引进福建的企业、人才和资金，让老百姓自己学会技能，通过自己的双手提高收入，实现生活、生产条件的改变，让自己成为增产、增收的主力军。

（一）光伏产业

闽宁镇结合自身实际情况，将光伏农业园与扶贫工作相结合，实施光伏农业温室大棚脱贫模式，已经建立起"政府 + 企业 + 贫困户"的合作模式。光伏产业作为闽宁镇的新能源产业，已经成为闽宁镇经济发展的新引擎，为闽宁镇的人民提供了大量的就业岗位，有力地促进了闽宁镇的经济发展，进一步推进脱贫攻坚。

2014 年，闽宁镇引进青岛昌盛日电太阳能科技公司，在原隆村流转移民土地，建成温室设备设施农业种植、光伏太阳能发电售电为一体的现代农业产业园区。这一项目总体规划建成588个大棚，规划流转土地10000亩，装机容量200兆瓦，目前已经逐渐形成以花卉、茶叶种植为重点，以蚯蚓、蝎子特种养殖为亮点，以食用菌、有机蔬菜种植为抓手的设施农业产业布局。光伏产业自成立以来，企业每年给予每位贫困户1万元的托管兜底分红，保证有劳动能力的贫困户在大棚打工可获得不低于2万元的年务工收入。截至2016年，415户贫困户每户每年获得土地流转收入1500元，带动了350多名移民就业，人均劳务收入超过2.5万元。同时，“光伏+农业”的新型农业开发项目——青岛昌盛二期光伏发电项目落户原隆村，50兆瓦光伏电站项目建成后将覆盖原隆村2000户群众，并确保发电分红；中科嘉业屋顶光伏让1650户移民直接受益。目前，闽宁镇正在大力发展瓜果蔬菜种植、苗木培育、中草药种植，和高端菌菇生产、采摘园等，解决了不少闽宁镇移民群众的就业问题。

（二）特色种植业

从葡萄园、马铃薯和菌草等产业起步，闽宁镇各村依托自然优势和种养传统因势利导，集中成片发展产业，同时紧跟市场变化积极调整、顺势而为。在福建省的帮助下，5600多家福建企业、商户入驻宁夏，在宁投资项目260多个、总投资430多亿元，西海固9县区培育发展了枸杞、草畜、苗木、马铃薯、硒砂瓜、中草药等特色优势产业，带动贫困户户均增收6000元。

闽宁镇具有日照时间长、昼夜温差大等自然条件优势，是生产优质酿酒葡萄的最佳生态区之一。闽宁镇地方政府立足优势，把酿酒葡萄产业作为农业增效、农民增收的支柱产业来抓，成为宁夏中南部生态移民脱贫致富的重要途径。闽宁镇根据“政府+企业+贫困户”模式，涌现出德龙酒庄、贺兰神酒庄等大型企业，有力推动了葡萄产业的深加工；增加了闽宁人民的经济收入；促进了生态移民示范乡镇的建设。其中，德龙酒庄为闽宁镇农民提供技术培训，年培训人数达到5000人次，解决固定就业人数200人以上，带动合同劳务合作近600户，季节性用工累计近20000人，这对于推动劳动就业，农民收入增长起到了积极的作用。同时，葡萄种植可有效减轻当地及周边地区的风沙危害，起到庇护周边农田、抑制土地退化、净化空气、调节气候、改良土壤、减少污染等生态循环效益作用。贺兰红共享酒庄于2020年9月22日在新镇区开工建设。新百连锁超市项目于7月21日入驻闽宁镇新镇区开业运营，解决就业20余人，成交量8900多次，营业收入累计50余万元。贺兰神酒庄在用工高峰期能解决4000—5000人的就业问题。目前，葡萄产业优势凸显。闽宁镇种葡萄6.2万亩，葡萄酒年产量2.8万吨，人均种植增收3000元以上。闽宁红酒街运营良好，成功举办了贺兰山东麓国际葡萄酒博览会、农民丰收节等活动，紫红色的葡萄已经成为当地人致富的"紫宝石"。沿着贺兰山东麓已经形成大规模的葡萄和葡萄酒产业，闵宁镇种植葡萄面积达到了6.2万亩，葡萄酒的产量达到2.6万吨以上，产业发展带动了镇上4000多人就业。

在特色产业方面，总投资4500万元的宁闽合发双孢蘑菇工厂化栽培示范基地，是用现代科技建成的升级版菌草项目，第一期年产菌菇200吨，安排240人就业。2018年闽宁镇以玉海村、原隆村、园艺村为主，新建三个设施园区，各建设50栋第三代高效设施温棚。木兰村依托宁夏丰禾润农业科技公司流转土地5000亩进行枸杞研发种植，与九洋杂粮科技公司签订收购协议，在保证品质的前提下，高于市场价格收购；并推广试种小杂粮940亩，提高群众种植收入。园艺村流转土地108亩，建设奶瓜瓜生产基地，解决就业100余人，并组织68户农户流转土地490亩，户均增收 4400 余元。福宁村依托福宁振农，搭建钢架棚 9 栋，投产 10 栋，销售精品番茄 20 余万元，带动 30 户建档立卡贫困群众实现就业。特色种植业的发展，大大增加了闽宁镇人民的经济收入，为移民生活增添色彩。

近年来，先后有 20 个帮扶单位、30 余名援宁干部和专业技术人员、10 余家企业参与闽宁镇帮扶建设，累计投入各类援助资金 25620 万元，福建各类企业在闽宁镇的投资达 22. 8 亿元，全镇各大产业已形成了一定的规模优势和集聚效应，有力地支持了农民增收和现代化建设。同时，闽宁两省区在闽宁镇共建扶贫产业园，已有 6 家企业落户，投资达 3 亿元，有力地推动了闽宁镇的农业产业化和农民脱贫致富。

（三）特色养殖业

在养殖业方面，近年来闽宁镇立足地域优势，特色养殖产业链扩规提档，充分发挥了闽宁镇的地方优势，实现地区移民的脱贫致富。

2012 年闽宁镇实行“企业引领、大户带动、出户入园、庭院养殖”四种养殖模式，引导农民重点开展肉牛养殖业，建立了永宁县生态移民肉牛养殖创业园，采取“公司＋基地＋农户”方式引进畜牧业龙头企业入驻武河肉牛养殖园区，从技术、资金、管理方面提升了园区建设。2013 年自治区农牧厅将闽宁镇黄牛养殖纳入现代农业生产发展资金肉牛羊整村推进示范村建设项目，实行以奖代补。自治区农牧厅投入 1000 万元，建成原隆村万头肉牛养殖基地。同时大力发展“光伏＋养殖”，加快推进闽宁万亩草畜产业园、振发光伏小镇等建设项目，引进企业 3 家，肉牛养殖规模持续扩大。2016 年闽宁镇肉牛存栏量达 1.6 万头，肉羊存栏 3 万只，养殖企业市场销售额达 1.7 亿元，成功探索实施天蝎养殖致富之路。2018 年，闽宁镇特色养殖“扶母返犊”模式已经形成，通过实施“扶母返犊”产业发展模式，建立农户和企业间稳定的利益联结机制，实现统一引种、统一培训、统一销售“三统一”模式，降低生产成本、降低经营风险、优化资源配置、提高经济效益。

闽宁镇立足地域优势，不断扩大生产规模，逐步走向全产业链经营，形成了高档基础母牛养殖、繁育育肥、屠宰加工、销售及饲料种植、动物疾病预防控制的循环经济产业链，有效提高肉牛养殖产业的经济效益、社会效益和生态效益。

（四）劳务产业

闽宁镇自身劳务经济起步早、规模大，也是农民增收的主要途径。在移民初期，由于大部分移民文化水平低，缺少专业技能，所以移民基本上集中于建筑工地、农业种植等体力劳动行业。随着经济社会的发展，产业结构调整，劳务经济成了主要收入。1998 年，输出各类务工人员 3850 人（次），收入 270 万元，农民人均纯收入 689 元。2002 年成立了镇市场劳务管理中心，与各劳务部门签订意向性用工合同或劳务输出订单，开展有组织的劳务输出。2006 年成立劳务协会，镇政府不断引导、培育、壮大劳务产业组织开展“阳光工程”和职业技能培训，提高务工人员的素质和劳动技能，使工人由体能型逐步向技能型转变。2012 年引进建成中银绒业闽宁针织厂，项目占地 58.85 亩，总投资 1.5 亿元，可以提供移民就业岗位近 300 人，人均每月工资 2000—3000 元，让移民群众在家门口成了拥有稳定收入的产业工人。2019 年，闽宁镇累计转移劳动力 12137 人，累计收入 1.15 亿元。2020 年 10 月底，闽宁镇共劳务输出 18594 人，移民群众的致富路正在不断拓宽。

此外，依托银川市“双富”工程的开展，闽宁镇争取区市县培训资金，积极协调各级培训机构，建成宁夏生态移民创业就业服务中心，为闽宁镇孵化出 21 家劳务派遣公司、73 位劳务经纪人，年均输出劳动力近 1.2 万人，务工人员人均收入超过2.6万元。开设了与区市县联网的闽宁镇劳务市场，有针对性地开展“精准”职业培训。福建省也积极组织相关技术人员来闽宁镇进行技术指导，从而提升村民的劳动技能。截止到2016年，19批农业技术人员到宁夏支农。现如今，在闽宁镇村道上不时有接送务工农民的大巴、中巴驶过，劳务成了移民的“铁杆庄稼”。

在特色产业发展带动下，闽宁镇脱贫攻坚进程加速，与乡村振兴同频共振，2018年底闽宁村奠基时所在的福宁村人均可支配收入达21640元，远高于全国农村居民人均可支配收入水平。2019年，闽宁镇人均可支配收入达13970元，全镇建档立卡户实现脱贫退出1626户7074名，贫困发生率从1997年的90%以上，下降到0.197%。2020年底前，闽宁镇剩余22户111名贫困人口实现脱贫，闽宁镇的贫困人口已清零。

二、教育扶贫

习近平总书记指出，摆脱贫困的首要意义并不是物质上的脱贫，而在于摆脱意识和思路的贫困。我们深刻认识到，宁夏这样的西部欠发达省区，与东部地区的差距表面上是经济发展上的差距，实际上是思想观念上的差距。授之以鱼不如授之以渔，扶贫过程中不仅要解决贫困群众吃穿难的问题，更要传授给贫困群众致富的技能和创业就业的能力，要加强对贫困地区的教育，让贫困地区的孩子们能接受良好的教育，从而阻断贫困代际传递。治贫先治愚，扶贫先扶志。发展教育是阻断贫困代际传递的治本之策。

（一）基础教育，塑造一代人

闽宁对口扶贫协作注重把基础教育作为闽宁镇扶贫、扶智、扶志的根基步步夯实。闽宁幼儿园、闽宁中心小学、闽宁中学、闽宁角美小学先后建成，福建角美中学与闽宁中学、福建角美小学与闽宁二小结成共建对子，民间资本也纷纷投入幼儿教育，如今镇上有中学、村村有小学和幼儿园，形成镇村全面覆盖的基础教育网络。

在闽宁协作中，福建不仅在经济和资金等方面予以帮扶，在教育发展上也给予了有力支援，每年福建省都会派支教教师到宁夏贫困地区进行支教。2016 年，福建漳州台商投资区台商联谊会投资 3000 万元援建了闽宁角美小学，并于 2016 年 9 月 1 日正式投入使用。为支持闽宁镇教育扶贫，福建漳州台商联谊会还向闽宁角美小学贫困学生捐赠了 18 万元奖学金，连续 6 年资助 30 名贫困学生顺利完成学业。2018 年 5 月，福建漳州台商投资区设立闽宁 200 万元教育奖学助学基金。其中区财政拨付角美镇 180 万元，杨厝村杨伟强捐赠 20 万元，由角美镇以提供对口帮扶资金形式支持闽宁镇建立教育奖学助学基金。9 月 26 日厦门远大律师事务所到闽宁二中捐书 500 册；9 月 28 日福建省宁夏商会响应号召，为永宁县闽宁镇第二小学、角美小学的 800 多名学生捐赠了“爱心包”，共计 10.8 万元。《“十三五”闽宁扶贫协作规划》指出，闽宁将加强基础、职业、高等教育合作。其中闽宁高职院校、中职学校将实现“一对一”结对帮扶全覆盖，两省区兜底式招收宁夏“建档立卡”贫困家庭子女接受优质中职教育，福建 3 所高校对口宁夏 3 所高校，建立“一对一”长期合作关系。通过一系列的数据可以看出，福建省对闽宁镇的教育帮扶力度是非常大的，漳州市台商投资区每年投入 80 万元教育助学资金用于资助贫困学生，福州、漳州 7 所中小学与闽宁镇中小学达成了结对共建关系。支教老师的到来为闽宁两地搭建了远程同步教学平台。闽宁镇的办学水平也得到了持续快速提升。闽宁镇现有中学 2 所，小学 9 所，公办幼儿园 5 所，在校学生 11235 人，教职工 704 人。村民的教育意识也得到提升，开始认识到教育的重要性，真正做到了“再苦不能苦孩子，再穷不能穷教育”。

2019年1月22日下午，永宁县驻闽宁镇扶贫办的赵主任在接受《习近平有关东西部扶贫协作重要思想的生动实践——闽宁镇的故事》课题组采访时说，永宁县和福建漳州台商投资区实现了结对扶贫，他们每半年都会互访一次，同时，闽宁镇和福建漳州台商投资区的角美镇也实现了结对帮扶，还有闽宁镇六个村和角美镇六个村也实现了结对共建，顺利实现了县、镇、村的结对共建的“3+ 1”模式，在2017年底也实现了校级的结对共建，闽宁中学与角美中学、闽宁二小与角美小学结成了共建对子，福建、闽宁镇的学校共同联通了网络远程教育，实现了相互选课、评课模式。教育上的对口帮扶是对闽宁两省区共建帮扶协作关系的深化。这有力地加强了角美镇和闽宁镇在教育方面的协作力度，拓展了协作领域，丰富了协作内容，提升了协作层次，从而推动两镇优质教育资源共享，促进两镇教育朝着更高水平发展。

（二）职业教育，授人以渔

扶贫要扶智、扶志，关键要把帮扶重心由“物”转变为“人”，围绕“人”的发展配置资源和项目，激励和鞭策贫困群众发展产业，鼓励农民创业，激发蕴藏在当地群众之中的内生动力。只要有志气、有信心，就没有迈不过去的坎。改变命运首先要改变观念，改变观念首先要有见识、受教育。闽宁镇通过职业技能培训群众，使他们掌握就业本领，在他们身上打开了学习成长、多渠道就业改变命运的通道，坚决阻止了贫困代际传递。

闽宁镇的产业发展不仅仅是招收零星工人，而是要让农民向技能型、人才型工人转变，在现代纺织、葡萄酒、红树莓、光伏等新型产业、新业态实现稳定就业，从给人打工向较为固定的工业产业和旅游服务业职工转变，从零星短期务工向产业工人转变，推进农民身份转变。在身份转变的过程中，闽宁镇加大了素质培训和劳动技能培训，尤其是新兴产业、热门岗位、市场紧缺行业的技能培训，引导移民转变就业观念，提高劳动就业技能，拓宽就业发展途径，增强发展潜力。闽宁两省区联手实施“阳光工程”和“雨露计划”，使一大批经过技能培训的农村劳动力进入福建打工。目前，宁夏劳动力已在福建各地从事劳务活动，每年从闽获得劳务收入超过 10 亿元。闽宁镇坚持扶贫和扶智、扶志相结合，建立了宁夏生态移民培训示范基地、创业就业服务中心、闽宁生态移民就业创业培训示范基地，采取理论知识讲解与实地观摩、现场指导、现场培训相结合，举办种养殖、致富带头人、劳务经济人、装载机、电工、电焊工、保安、家政服务、中式烹调师、特色小吃、刺绣品制作、手工编织等多种形式的培训班，对农民进行职业技能培训。邀请葡萄种植、菌草种植、畜牧兽医等方面的专家到田间地头，进牛棚羊舍，手把手地给农民传授葡萄修剪、病虫害防治、上肥水管理、牛羊饲养管理等技术。各类企业也针对用工特点对务工人员一轮接一轮开展职业技能全员大培训，现在全镇的劳动力大都接受过技能培训，有劳动能力的移民群众都能掌握 1—2 门实用技术，培养了一批高素质、高技能的产业工人，每年劳务就业达 8000 人次，实现收入近 1 亿元，人均收入 1.2 万元，占群众收入的 54% 以上。

24 年来，闽宁镇把先进的产业和观念引入封闭落后的贫困地区，当地广大的贫困群众接触了现代技术、现代观念、现代生活和生产方式。24 年后他们的观念已经能够与沿海接轨，甚至和世界接轨，蕴藏在劳动群众之中的创造力最终被释放出来，他们主动走出家庭、走出内陆，最终走出了大山、走出了贫困的宿命。只有改变了人，才能真正解放当地的生产力，才能真正实现全面脱贫。闽宁镇的一代人已经改变，在这里蕴育出的新希望让人看到了闽宁镇持续发展、持续创造的美好明天。

三、人才支援

闽宁对口扶贫协作的24年，从资金、技术、经验、市场等领域逐渐向以“人”为中心转变，围绕“人”的发展配置资源和项目。两省区立足省情、区情，把互派干部挂职作为互学互助的主要途径。此外两地的人才交流频繁，包括一些年轻人、致富带头人以及一些学校也实现了对口帮扶，闽宁两地在多个方面实现了相互考察、相互学习。

（一）互学互助机制，更新干部的思想观念

福建先后选派11批185名干部，支教教师和医疗技术人员等专业技术人员80批次2000多人次赴宁开展帮扶帮助工作，帮扶培训宁夏教师7600多人次；宁夏也先后选派18批306名干部到福建挂职。2018年，福建和宁夏互相选派了3名挂职干部到对方乡镇挂职，其中闽宁镇派了一名副科级的干部到福建去挂职，福建派了一名副处级的干部和副科级的干部在闽宁镇挂职，重点负责招商引资。在长期扶贫协作中，两省区各级干部增强了“为同一项事业”的意识，强化了“尽同一种责任”的担当，相互学习，相互借鉴，形成了务实的工作作风和创新的开发思路。福建援宁干部不仅跟踪落实援宁扶贫项目，而且在深入实际寻求精准脱贫切入点、主动联系动员福建社会力量参与扶贫开发项目等方面发挥了主体作用。福建企业在宁夏找到了新的发展空间，也为当地群众打造了劳动致富的新平台。宁夏到福建挂职锻炼的干部则拓展了眼界、转变了观念，增长了才干，带回了“爱拼才会赢”的福建精神和发展经济的先

进理念，激发了改变家乡贫困面貌和创新实干的巨大热情。同时赴福建学习挂职的教育、卫生、科技等方面的人才也带回了先进的经验和技术，为宁夏经济社会各项事业发展注入了源头活水，更有效激发了干部群众改变家乡贫困面貌和创新实干的巨大热情。

闽宁镇坚持走出去思维，进一步加强交流学习。积极向宁夏回族自治区、福建省争取政策支持，大力推进东西扶贫协作、闽宁对口帮扶，进一步巩固扩大合作成果，不断扩展县（区）镇村"三级"对口扶贫协作的新路子，把结对共建的范围扩大到村一级。进一步增加选派干部的人数，让更多优秀的镇、村干部及大学生村官、西部计划志愿者、"三支一扶"人员等，到福建的行政单位、企业、培训基地等挂职锻炼交流学习、扩展思维，把福建扶贫开发、社会管理、经济发展等先进经验、先进理念和先进思维带回来，加快推动闽宁镇的转型升级。

（二）增进两地交流，更新群众的思想观念

"十三五"时期闽宁两省区一方面确定对口帮扶建设 100 个整村推进示范村和一批易地扶贫搬迁示范点，集中资源、集中力量进行攻坚，发挥示范引导、典型引路作用。另一方面拓展延伸，聚焦最需要帮助的贫困群众，探索到户、到人的定点帮扶措施，特别是落实好两省区"十三五"2 万名实用技术人才培训计划，深化劳务协作，让贫困群众有一技之长、有稳定收入；推动两省区中小学开展结对帮扶、共建职业院校，开展医疗卫生机构结对共建，探索科技人才交流共享机制，实现多点开花。

两省区十分注重拓展在医疗方面的合作交流。福建省还进行人才支援，24 年来，福建省先后派出医疗专家 311 名、青年志愿者 500 多名，援建妇幼保健院和各类医疗卫生院（所）315 个，为数万名山区百姓开展了义诊和疑难病症治疗。在深化闽宁协作中，必须把"富口袋"与"富

脑袋”结合起来，坚持互派干部挂职、选派专业人才来宁指导工作，促进观念互通、思路互动、技术互学、作风互鉴，把福建先进的理念、人才、技术、经验等传播到宁夏，促进宁夏的干部群众进一步解放思想，开阔眼界、开阔思路、开阔胸襟；通过典型示范、宣传教育、技能培训，引导贫困群众树立“宁愿苦干、不愿苦熬”的思想，克服“等靠要”思想，自力更生、艰苦奋斗，增强战胜贫困的信心，用勤劳的双手创造幸福美好生活。

第四章　闽宁镇脱贫攻坚的成效

2016年7月21日，习近平总书记在东西部扶贫协作座谈会上指出，东西部扶贫协作和对口支援，是推动区域协调发展、协同发展、共同发展的大战略，是加强区域合作、优化产业布局、拓展对内对外开放新空间的大布局，是实现先富帮后富、最终实现共同富裕目标的大举措，必须长期坚持下去。东西部扶贫协作和对口支援是以习近平同志为核心的党中央作出的伟大战略决策。做好新形势下东西部扶贫协作和对口支援工作，是如期打赢脱贫攻坚战、实现第一个百年目标的必然要求。20多年来，闽宁镇从昔日荒无人烟的不毛之地，已变成了6万多“西海固”移民群众安居乐业的特色小镇。从单向的扶贫解困到相互间的经济合作、产业对接，从单一的经济援助到教育、文化、医疗的多领域合作，从单纯的政府行为到政府、企业、社会协同的对口协作新机制，闽宁两省区党委、政府咬定目标，砥砺前行，将闽宁镇打造成为东西部扶贫协作样板、生态移民样板、美丽乡村样板，创造了“干沙滩”变成“金沙滩”的奇迹。本章从闽宁镇脱贫攻坚的政策体系、闽宁镇脱贫攻坚目标全面完成、闽宁镇经济社会的全面发展等三个方面来阐明闽宁镇脱贫攻坚取得的巨大成效。

一、闽宁镇脱贫攻坚的政策体系

闽宁镇是东西部扶贫协作的结晶。从确定闽宁对口扶贫协作关系以来，两省区按照习近平总书记提出的“优势互补、互惠互利、长期协作、共同发展”的方针，探索建立了“联席推进、结对帮扶、产业带动、互学互助、社会参与”五大机制，24年坚持不懈，以“滴水穿石”的精神和“马上就办”的作风推进东西部扶贫协作，取得了丰硕成果。闽宁镇实现了从“天上没飞鸟，地上不长草，十里无人烟，风吹沙粒跑”的“干沙滩”到“绿树成荫、良田万顷、经济繁荣、百姓富裕”的“金沙滩”的转变。闽宁协作形成了全方位、多层次、长期性、持续性、互惠互利的帮扶模式。

在这个过程中，闽宁镇的主要做法是：建立联席推进机制，确保习近平总书记关于东西部扶贫协作重要论述落地落实；建立结对帮扶机制，加快贫困地区脱贫进程；建立产业带动机制，提高贫困地区自我发展能力；建立互学互助机制，更新干部和人才的思想观念；建立社会参与机制，凝聚脱贫攻坚的强大合力。

（一）建立联席推进机制，确保习近平东西部扶贫协作重要论述落地落实

闽宁两省区党委政府牢记“两个大局”思想，坚持把习近平总书记提出的“优势互补、互惠互利、长期协作、共同发展”作为指导原则，发挥党政主导的政治优势，始终把联席推动作为闽宁对口扶贫协作的有力抓手，紧紧围绕脱贫攻坚这条主线，坚持每年召开一次由两省区党政主要领导参加的联席会议，及时总结交流帮扶经验，研究解决帮扶重大问题，协商制定帮扶举措，督促协商成果落地见效。

24 年来，联席会议轮替召开，从未间断。每次会议都会根据宁夏所需、福建所能进行紧密对接，形成会议纪要和各类合作协议，协作内容得到不折不扣的落实，涉及经济、科技、教育、文化、卫生、干部培养等。联席会议制度的建立和长期坚持，使闽宁扶贫协作内容越来越丰富，层次越来越高，对口扶贫协作的路子越走越宽，帮扶的效果越来越好，群众得到的实惠越来越多。

（二）建立结对帮扶机制，加快贫困地区脱贫进程

闽宁两省区始终坚持把这一要求作为对口扶贫协作的最终落脚点，坚持以解决贫困问题为核心，采取有针对性的帮扶措施，努力缩小贫困地区与发达省区的差距。在闽宁对口扶贫协作中。两省区实行市县结对帮扶，充分发挥党委政府牵头和导向作用，落实扶贫协作的责任，不让一个贫困县、一个贫困群众在实现全面小康路上掉队。在此基础上。两省区坚持开展的县与县结对帮扶“携手奔小康”模式得到国家的认可并推广。

闽宁两省区 20 多个省级部门 80 多个县级部门互学互助，101 对乡镇、110 对村建立了结对帮扶关系，形成“携手奔小康”的强大动力。2014 年，福建漳州市台商投资区角美镇与宁夏银川市永宁县闽宁镇、福建南安市梅山镇蓉中村与宁夏永宁县闽宁镇原隆村形成结对帮扶关系，“开了扶贫协作中乡（镇）和行政村结对帮扶的先河”。2016 年 10 月福建省角美镇东山村等 6 个村和闽宁镇玉海村等 6 个村分别签订对口帮扶协议书，两地承诺愿意共同开发当地丰富资源，实现双赢，拓展了镇村组“三级”对口协作的新路子。

当前闽宁镇从宏观上已经形成“3+ 1”共建模式。“3”即永宁县与漳州台商投资区结对共建，漳州台商投资区角美镇与永宁县闽宁镇对口帮扶，角美镇 6 个村与闽宁镇 6 个村交流合作。“1”即永宁县在漳州台商投

资区设立开放永宁建设的新平台。“3+1”共建模式，极大推进闽宁镇的发展，已经成为东西部扶贫协作的创新典型。

在对口扶贫协作中，闽宁两省区始终聚焦贫困地区发展，突出扶贫问题导向，做到了对象清楚、责任明确、目标具体、措施管用，从项目、资金、技术、人才等方面给予宁夏多层次、全方位的持续帮扶、精准发力，取得了让老百姓看得见、摸得着的实实在在的效果，而且推动宁夏贫困地区的整体社会发展进程。

（三）建立产业带动机制，提高贫困地区自我发展能力

脱贫攻坚的难点之一在于产业扶贫，这是闽宁对口协作实现从“输血”到“造血”转变的关键。通过引进福建的企业、人才和资金，让老百姓自己学会技能，通过自己的双手提高收入，实现生活、生产条件的改变，让自己成为增产、增收的主力军。

当前，在实施闽宁对口扶贫协作过程中，两省区始终把发展特色产业作为提高自我发展能力的根本举措，坚持以市场为导向，以产业协作为基础，通过共建扶贫产业园、搭建合作交流平台、组织规模化劳务输出等方式，促进贫困地区优势资源开发，带动贫困人口长期稳定脱贫，走出了一条企业合作、产业扶贫、项目带动的“造血”式扶贫路子，成功实现了从援助式扶贫向开发式扶贫转变。

2016 年 7 月，习近平总书记在闽宁镇考察时强调，当地企业在加快自身发展的同时，也要在产业扶贫过程中发挥好带动作用，先富帮后富，实现共同富裕。贺兰神酒庄的投资人本是福建人，为响应国家西部大开发政策的号召，为国家建设贡献自己的一份力量，2007 年到宁夏发展。曾经一望无际的戈壁滩，如今在他们的手中变成了 10 万亩有机葡萄生态产业园。酒庄负责人在接受访谈时提到，整个酒庄在用工高峰期能解决

4000—5000 人的就业问题。酿酒葡萄业的发展，解决了很多农民的就业问题，提高了闽宁镇农民的经济收入。

24 年来，闽宁镇各村依托自然优势和种养传统因势利导，集中成片发展产业，同时紧跟市场变化积极调整、顺势而为。种植葡萄、养牛羊、种枸杞、干劳务、搞商贸、兴旅游、建酒庄，多业并举；特色种植、规模养殖、土地流转、引进企业、多路并进；有的发挥了地理优势，有的发挥了种养传统优势，有的发挥了劳动力优势，使得闽宁镇"村村有产业，家家有路子"，各自摸索出符合产业规律和市场规律的产业致富之路。

（四）坚持建立互学互助机制，更新干部和人才的思想观念

习近平总书记在闽宁对口扶贫协作第六次联席会议上提出继续坚持干部挂职、人才交流，选派干部到宁夏固原市及 8 个对口帮扶县挂职，帮扶抓好扶贫开发工作。24 年来，闽宁两省区真诚合作、携手努力，对口扶贫协作结出了丰硕成果，干部群众的观念进一步转变，贫困地区的生产生活条件进一步改善，自我发展能力进一步增强，民族团结、社会和谐的大好局面进一步巩固。截止到 2016 年，西海固地区 GDP 增长了 20 倍，地方财政收入增长了 67 倍，农民人均纯收入增长了 11 倍。福建先后选派支教教师和医疗技术人员等专业技术人员 80 批次 2000 多人次赴宁开展帮扶工作，帮扶培训宁夏教师 7600 多人次，宁夏也先后选派 18 批 306 名干部到福建挂职。闽宁镇 2019 年工作计划暨 2020 年工作思路中提出，开展文化、教育、科技、卫生、人才多领域合作，完善结对共建、结对帮扶、互派干部挂职、互设交流展示窗口等机制，开展手拉手、心连心活动，促进闽宁两地人才交流，全方位提高闽宁协作水平。

（五）建立社会参与机制，凝聚脱贫攻坚的强大合力

习近平总书记在第三次闽宁对口扶贫协作联席会上提出，进一步加大企业和社会力量扶贫协作的规模和力度，加快贫困地区社会事业的发展。广泛调动社会力量参与脱贫攻坚，是闽宁协作的重要基础，是形成政府、市场、社会互为支撑，专项扶贫、行业扶贫、社会扶贫“三位一体”大扶贫格局的有效途径。24年来，闽宁两省区充分调动各方面积极性，不断拓展对口扶贫协作空间和领域，实现省、市、县、乡、村五级联动。福建省还积极动员教育、医疗、卫生、妇联、共青团、企业商会等几十个部门和社会团体，分别开展“百所学校一帮一”“医疗服务”等援宁扶贫公益活动，参与宁夏脱贫攻坚。同时，两省区建立了社会帮扶激励机制，对用心用情用力开展帮扶的组织和个人，定期进行表彰奖励，不断调动各方面参与社会扶贫的积极性。福建省累计投入援宁资金逾26亿元，直接参加帮扶的各界人士超过10万人次。经过24年的闽宁两省区密切往来、深入协作，福建倾力帮扶，宁夏奋力拼搏，感情逐渐升温，成效日益显现。在闽宁镇的示范带动下，宁夏涌现出了110多个闽宁协作示范村、20多个闽宁协作移民新村、320个易地搬迁安置区，累计接收西海固地区易地搬迁移民100多万人。百万移民大搬迁，搬得出、稳得住、能致富，大大缓解了西海固的人口、资源矛盾，使该地区退耕还林还草、封山禁牧、生态修复等工程得以顺利进行。这是东西部扶贫协作的成功案例，是中国特色扶贫开发道路的有益探索，是中国共产党执政为民的创新呈现，是贡献给全球减贫治理的中国智慧。

闽宁镇将继续以习近平新时代中国特色社会主义思想为指引，认真贯彻落实习近平总书记关于扶贫工作重要论述，坚持精准扶贫精准脱贫方略，坚持“五项机制”，拓宽协作空间，深化产业对接，推动社会扶贫，

加强扶贫项目和资金管理，提高援助资金使用效益，提升劳务协作组织化水平，以更加开放的思想观念、更加执着的拼搏精神、更加务实的工作作风，推动闽宁两省区在更广阔的平台上牵手合作，开创闽宁对口扶贫协作新局面，打造全国东西部扶贫协作示范区，为全面建成小康社会、实现中华民族伟大复兴的中国梦贡献力量。

二、闽宁镇脱贫攻坚目标全面完成

2019 年，在县委、县政府和镇党委的坚强领导下，在镇人大的监督支持下，闽宁镇坚持以习近平新时代中国特色社会主义思想和党的十九大精神为指引，贯彻落实意识形态工作责任制，积极适应把握经济发展新常态，统筹推进各项工作，经济社会保持平稳健康发展。

（一）全力实施精准扶贫，脱贫攻坚成效显著

闽宁镇始终坚定不移把打赢打好脱贫攻坚战作为最大的政治责任和第一民生工程，采取非常政策、非常举措、非常力度，做到不放松、不停顿、不懈怠，大力推进精准扶贫。一是选优配强，增强脱贫攻坚力量。全面落实乡镇主抓、村级主体的脱贫攻坚分工机制，制定了切实可行的闽宁镇脱贫攻坚实施方案，与各村签订了责任书，实行网格化管理，根据各村建档立卡户数量，以每个网格员负责 50 户的标准，合理分配，保障扶贫政策和措施精准落实。二是精准识别，确保应纳尽纳。制定扶贫对象动态调整方案，开展全镇贫困人口、边缘户、政策兜底户大摸排，并建立相应档案，制定扶持政策，分类管理。三是精准退出，确保应退尽退。根据自治区《关于开展 2019 年扶贫对象动态调整的通知》文件精神，对全镇 1365 户 5742 人建档立卡贫困人口认真开展大排查，按照

“组提名、两评议、一比对、二共识、一公告”的程序，对各村摸排出的307户1453人实施稳定脱贫聚集，开展建档立卡贫困户脱贫退出工作，对全镇建档立卡贫困户进行摸排，对患大病、受灾、子女上大学等，享受了相应政策扶持且未影响“两不愁三保障”的贫困户，达到脱贫标准的，确保“应退尽退”。四是全力以赴，确保贫困村摘帽。原隆村贫困发生率为1.99%，达到贫困村脱贫出列贫困发生率指标要求。原隆村有幼儿园、小学各一所，村级卫生室200平方米，休闲及文化广场2万平方米，文化活动室600平方米，党群活动服务站1020平方米，农贸市场占地面积6000平方米，老年爱心饭桌200平方米，水电入户率100%，道路等基础设施配套完善，主干道路及巷道硬化率100%，网络通信信号覆盖率100%，真正实现贫困地区群众“两不愁三保障”。经镇党委会议研究，同意原隆村提交的退出申请，并上报永宁县脱贫攻坚工作领导小组审核。

（二）加快产业转型升级，乡村振兴初显成效

闽宁镇坚持以项目为抓手，以产业为龙头，按照政府主导、企业参与、市场带动的工作思路，狠抓产业发展，初步形成了“特色种养殖产业+高效节水现代农业+劳务及商贸物流业+文化旅游产业”的产业发展格局。一是以闽宁协作为平台，全力培育特色产业。德龙酒庄、青川管业、亚通集团、宁闽合发双孢菇、福建宏达盛白萝卜种植、富贵兰纺织园等项目已投产达效；签约世界500强的厦门市建发集团运营东西协作干部培训中心已投入运营。2019年争取东西部扶贫协作财政援助资金3300万元，确定援宁资金项目10个，带动4400名贫困群众实现收益，实现贫困人口脱贫4000人。明确漳州台商投资区380万元社会帮扶资金用途，主要用于购买闽宁镇小学生校服、闽宁卫生院所需医疗设备和解决“两

不愁三保障”突出问题中特困户住房安全等方面。二是以脱贫富民为目标，调整优化产业结构。注重加快供给侧结构性改革，坚持走高质量发展路子。在传统劳作方式上进行改革，全力发展高标准设施园艺、酿酒葡萄、千亩优质桃、奶瓜瓜、有机蔬菜等高附加值农作物；全力推进畜牧业“出户入园”，新建木兰村养殖园区、园艺村中光光伏养殖园区，扩建犇旺养殖园区，大力推进出户入园，畜禽养殖环境不断改善。三是以全域旅游为契机，创新发展文旅产业。特色产业快速发展，镇村建设趋于完善，为旅游业夯实了基础。贺兰山勇士之路全国越野自行车挑战赛以及具有闽宁特色的文体活动，提升了旅游业的竞争力。在闽宁经济社会飞速发展的基础上，依托贺兰山东麓百万亩葡萄长廊，闽宁葡萄小镇的休闲度假观光旅游业也呈现出良好发展势头。借助国家级特色小镇及国家级乡村旅游创客示范基地的知名度，创新“旅游 + 扶贫”模式，主动融入自治区全域旅游发展布局。四是以商贸物流为依托，激发镇域经济活力。闽宁红酒街运营良好，成功举办了贺兰山东麓国际葡萄酒博览会、农民丰收节等活动，贺兰红共享酒庄于 2020 年 9 月 22 日在新镇区开工建设。新百连锁超市项目于 7 月 21 日入驻闽宁镇新镇区开业运营，解决就业 20 余人，成交量 8900 多次，营业收入累计 50 余万元。在新镇区积极打造电商扶贫示范街，引入了闽宁汇盛、福建来三斤两家电商企业和中通、圆通、申通、百世汇通、韵达、顺丰、中国邮政等 7 家快递企业，实现闽宁地区年配送量 100 万件，有效解决空置面积 2200 平方米。联合自治区驻福建办事处打造闽宁优品双创服务平台，吸引更多闽商到闽宁镇投资创业。东西协作干部培训中心、宁夏贺兰山东麓葡萄酒学院、中国酒协会葡萄酒培训中心以及自治区教育工委教育厅党校和自治区教育工委教育厅教师培训基地相继落户闽宁镇，均已开始授课培训。

（三）强抓基础设施建设，城乡环境展现美丽新颜

闽宁镇坚持把重点项目建设作为落实稳增长、促改革、调结构、惠民生的重要抓手，既注重项目的落实实施，更注重项目的谋划争取。大力推进环境保护和生态文明建设，持续优化人居环境。一是基础设施建设稳步推进。持续推进“三管入地”项目建设，武河村、玉海村“三管入地”25个污水处理站点已完成建设15个，正在建设7个；排水铺设管网71.47千米，给水铺设管网171.3千米，道路硬化191条29.13千米，改水改厕1898户。根据村庄巷道布局和实际情况，对路灯进行个性设计、灵活设置，安装太阳能路灯1978盏。学校、卫生室、文化中心村村覆盖，6个行政村6584名适龄儿童全部就近入学，自来水、天然气、太阳能100%入户，生活污水处理率达到85%，生活垃圾无害化处理率达到90%。二是农业项目持续跟进。万亩酿酒葡萄种植、高标准设施农业建设、木兰村标准化养殖园区建设、武河玉海村美丽乡村整村推进环境综合整治、201省道沿街商业外网、老镇区供热管网改造、商务会议中心、中光有限公司葡光互补分布式60兆瓦光伏发电、犇旺养殖基地二期建设、北客生物科技有限公司烘焙油脂加工项目、园艺玉海原隆温棚园区附属设施工程等20个项目已实现开复工。三是持续开展全域环境整治。切实加大环境整治投入，完善垃圾收集转运基础设施，建立健全运行机制，按照“垃圾日产日清”原则及时对镇域垃圾进行清理，为方便填埋，在镇区建有60万立方米垃圾填埋场，共计清理垃圾8900吨。对玉海、木兰、园艺集中开展围墙砌护、院落铺装、庭院绿化等工作，共砌护围墙2718米。同时对占道经营和乱停乱放进行了大规模整治，并成功创建全国卫生乡镇。

（四）努力增进民生福祉，人民群众幸福感增强

闽宁镇坚持把保障和改善民生作为践行以人民为中心的发展思想的根本要求，把实现人民群众对美好生活的向往这份责任记在心里、扛在肩上，扎实推进社会各项事业发展。一是民生工作优先发展。全面落实各项惠民政策，2019 年城乡居民医疗保险缴费 28868 人，收缴互助资金 1421 户 2122 万元。配合县农经站完成闽宁镇农村土地承包经营权证书信息更正工作，共重新发证 24 本。完成抵押贷款登记 32 笔，银行发放抵押贷款 162 万元。食品、药品安全得到有效保障，防震减灾、应急管理、安全生产平稳有序，人民武装、国防动员、双拥共建工作全面发展，统计、档案、科协、工会、共青团、妇联、残联等工作均取得新成绩。二是持续加强平安闽宁建设。深入开展扫黑除恶专项斗争和矛盾纠纷调处工作，全镇共收集摸排涉黑涉恶线索 69 条，核查率 86%；排查受理各类矛盾纠纷共计 719 件，已成功化解 708 件，化解率达 98%；开展重点场所专项排查整治行动，发现各类安全隐患 503 处并已全部完成整改，刑事案件共立案 87 起侦破 27 起，与 2018 年同期立 96 起破 31 起相比，立案下降 11%。三是不断推进精神文明建设。开展社区表演比赛、70 周年大合唱、书法家下基层等群众性文化活动。推荐 12 名最美永宁人、6 户文明家庭，评选六星级以上文明户 2816 户，指导木兰村完成县级文明村镇申报工作；以闽宁镇为题材，配合县委宣传部完成“春雨工程”湖南省文化旅游志愿者宁夏行活动、永宁县喜迎新中国成立 70 周年“全民阅读、书香永宁”、宁夏演艺集团歌舞剧院送戏下乡惠民演出活动。一年来，结合“不忘初心、牢记使命”主题教育，共接待国内部委、省市领导、外事考察团、国内外大型媒体以及金融机构领导调研累计超过 650 余次 2.2 万人次，闽宁镇的优秀经验得以向全国推广。四是民族团结进步创建工

作取得显著成效。依托民族团结进步创建活动的深入开展，闽宁镇打造了民族团结广场及展示馆，并荣获“全国民族团结进步模范集体”荣誉称号。

闽宁镇党委坚持把学习党的十九大精神、贯彻习近平新时代中国特色社会主义思想作为首要政治任务，紧紧围绕“抓党建、夯基础、促发展”的工作思路，提升党建工作整体水平。一是加强自身建设，打造学习型党组织。经常在党委会、党委中心理论组扩大会议以及每周晨会上学习传达中央、区市县相关指示精神，研究分析基层组织建设工作，把党建工作和其他各项工作同安排、同部署、同落实。全面落实廉政建设责任制，不断强化“一岗双责”，把意识形态工作纳入重要议事日程。二是夯实党建基础，打造服务型党组织。严格落实“三会一课”“支部主题党日”组织生活会、民主评议党员等基本制度，从严规范发展党员、党费收缴、党务公开等基础工作。完成村“两委”11 名缺额成员补选工作，对全镇 6 个村“两委”49 人以及福宁社区工作者进行联审；对全镇 638 名党员逐一进行审查，吸收入党积极分子 20 人；培养村级后备干部 20 人、党组织带头人 45 人、致富带头人 164 人，精心选派 6 个驻村工作队、6 名优秀返乡人才助力推进乡村振兴、脱贫富民、扫黑除恶等重点任务。三是激发脱贫动力，打造创新型党组织。在 6 个村稳步推进“红色网格”管理模式，实行生产组网格和“红色网格”双重管理。深入推进“支部 + 合作社 + 农户”“村委会 + 企业 + 农户”“出户入园”等脱贫致富共同体模式，有力推动由“输血式”向“造血式”产业扶贫模式的转变。充分利用资产收益性投资壮大村集体经济，2019 年争取银川市扶持发展壮大村级集体经济项目，涉及福宁、玉海、木兰、武河 4 个村，主要以入股或固定资产投资形式进行收益，年收益不低于 6%。

三、闽宁镇经济社会的全面发展

历任自治区党委、政府高度重视闽宁镇的发展，多次召开闽宁镇（村）现场办公会议，解决制约当地发展和群众脱贫致富的难题，确定了"种葡萄、养黄牛、抓劳务、建园区"的产业发展路径和打造东西部合作扶贫的示范镇、生态移民的示范镇、美丽乡村的示范镇、现代农业的示范镇、农村改革的示范镇的发展目标。银川市、永宁县每年安排市直、县直部门对口帮扶闽宁镇各村，有力地推进了闽宁镇的扶贫开发和经济社会发展。

（一）坚持产业强镇，打造东西合作的示范

以"闽宁协作"为抓手，凝聚脱贫攻坚强大合力。充分发挥闽宁镇与福建角美镇、原隆村与福建蓉中村结对帮扶的经验，不断拓展镇、村、组"三级"对口扶贫协作的新路子，将闽宁协作提升到新水平。以"园区建设"为抓手，积极推动工业加速发展。加大招商引资力度，实施走出去、请进来战略，依托扶贫产业园，进一步做大做强产业，壮大经济总量，为福建和宁夏两省区的产业拓展升级提供新的交流平台。以"葡萄酒庄"为抓手，推动葡萄酒产业提档升级。立足打造贺兰山东麓葡萄酒产业集聚区的战略地位，科学规划产业发展，着力打造优质酿酒葡萄种植区、世界知名葡萄酒主产区及葡萄酒文化旅游观光区。以光伏农业项目为抓手，不断提高企业造血功能。大力发展以青岛昌盛光伏农业为引领的精品农业，推广"光伏＋农业"模式，不断拉长产业链条，推动三产融合发展，更好地发挥企业在产业扶贫过程中的推动作用。以畜牧养殖项目为抓手，有力促进农民增收致富。加强龙头企业基地建设，以

品牌创建为重点，以标准化生产为抓手，推进金顺友清真牛羊肉屠宰场高效运转。建设现代精品农业暨活畜产品产权交易中心和清真牛羊肉市场，打造辐射周边的活畜及清真牛羊肉交易集散地。以“就业创业”为抓手，不断提高移民劳动技能。完善宁夏生态移民培训示范基地和生态移民创业就业服务中心功能，围绕周边用工需求，扩大订单定向培训规模，促进移民及时就地就业。

2015 年底，全镇农村经济总收入由 1997 年的 1350 万元增加到 3.2 亿元，农民人均纯收入从开发建设初期的 500 元增长到 2015 年的 10361 元，超过全区的平均水平，闽宁镇呈现各业并举、民生改善、民族团结、社会和谐、活力迸发的良好态势。

（二）坚持生态立镇，打造生态移民的示范

一是着力在城镇建设上求提升。（1）全面落实社会保障，积极开展暖店工程。全镇 3748 名 50 岁以上老年人全部享受到党和政府的关怀。为 25983 人办理农村合作医疗保险，为 8016 人办理养老保险，发放各类补助救助津贴共 67.28 万元。（2）提升教育教学水平。协调自治区编办和教育厅为闽宁镇增加 108 名教师编制（其中 51 名特岗教师，57 名支教教师），壮大闽宁镇师资力量。先后投入资金 2.5 亿元，完成了闽宁二中、二小，新镇区幼儿园以及原隆村小学一期、闽宁中心小学综合楼等 10 个教育设施项目。同时，针对闽宁镇幼儿园、小学、初高中、大学不同阶段的贫困学生，实施资助、补助政策，支持贫困学生顺利完成学业。（3）健全养老服务体系。投资 4300 万元，建成可提供 300 个床位的闽宁敬老院。开办原隆村福宁村社区爱心“老饭桌”，为 45 名“空巢老人”提供了全方位服务。规划新建园艺村爱心“老饭桌”，服务老人 15 名。（4）丰富群众文化生活。投资 146 万元的园艺村文化活动中心主体完工；投资 100 万元，高

标准建成木兰、武河、玉海文化大院，配备相应配套设施，已面向群众开放使用；原隆村新培育秦腔、书法、广场舞3支文化队伍，实现了村村有文化队伍。以"善行回乡""书香永宁"为抓手，广泛持续推动扶贫。扶智、扶志、扶风，激发移民群众自力更生脱贫致富的动力。启动弘扬民风民俗建设文化强镇活动，营造诚实守信、感恩奉献、勤劳致富的社会氛围，引导群众树立正确的价值观、道德观。

二是着力在生态发展上求提升。加大新老镇区绿化美化力度，建立健全城乡管理综合法体系，推动环境卫生面貌提档升级。闽宁扶贫产业园绿化工程顺利完成绿化面积368亩；新镇区西环路和福宁街绿化工程绿化面积263亩；2014年底，成功创建国家级生态乡镇。

三是着力在生态文明创建上求提升。结合"五城同创"，抓好文明乡镇创建工作，积极倡导乡贤文化，把"富口袋"与"富脑袋"有机结合，促进移民群众观念转变。以新农村建设为目标，坚持精细化管理，实施"六项工程"，共开展各类专项整治30余次，完成北二沟、二旗沟等河道沟渠围网砌护，规范镇域内工地围挡设置43个，新砌垃圾站5座，开工建设公厕2座。制定《闽宁镇2016年城乡环境综合整治推进方案》，调优配强城管和综合执法2支队伍，建立了100人的城乡日常保洁员队伍和800人的集中整治队伍。

（三）坚持旅游兴镇，打造美丽乡村的示范

按照自治区空间战略规划和全域银川发展战略，闽宁镇于2013年重新编制了《闽宁镇总体规划》，以建设"美丽闽宁"新镇为目标，先后拆除110国道西侧1700余户近40万平方米违章和破旧建筑，启动了10万平方米闽南风情特色街区建设，在110国道西侧新镇区开工建设了22万平方米的闽宁镇小城镇棚户区改造工程，并配套建设二中、二小、卫生院、

汽车物流园区及道路、绿化等工程和项目。今天，一座闽南风情与回族风情相交融的特色小镇已经华丽绽放。依托银川西线旅游带和贺兰山东麓葡萄文化旅游长廊核心区的优势，主动融入自治区全域旅游发展的空间布局，不断提升旅游综合效益，打造新的经济增长点。一是打造闽南风情小镇。完善 201 省道西侧以闽南风情、东侧以伊斯兰风情为特色的闽宁新镇功能，打造福建和台湾小商品购物游。二是打造葡萄小镇。充分利用葡萄产业优势，开发“葡萄文化 + 旅游”模式，规划葡萄文化游。三是打造光伏小镇。依托昌盛光伏农业示范园，大力发展集休闲采摘、观光旅游、乡村体验等功能于一体的光伏生态特色游。四是打造生态旅游小镇。积极整合贺兰山东麓葡萄、光伏红树莓、草畜产业资源优势，形成集游览、采摘、娱乐、吃住于一体的田园风光休闲游。

（四）发展特色种养业，打造现代农业的示范

一是深化宁苏合作。引进江苏振发新能源集团公司，着力打造产业发展新形态。采取“公司设备 + 政府土地 + 农户分红”模式，由振发公司和县政府组建合资公司，为原隆村剩余 1924 户生态移民户每户建设 1 座 25kW 光伏电站，每户可享受发电收益 3000 元 / 年，受益 20 年。同时种植花卉等经济作物，解决移民就业。探索实施“光伏 + 养殖 + 脱贫”模式，计划在闽宁镇园艺村万亩草畜基地建设光伏养殖大棚，总装机量 40 兆瓦，占地 2000 亩，规划肉牛存栏 2 万头。采取“光伏 + 采暖”模式，振发公司在闽宁镇 13 所中小学、6 个村部等公用设施建设光伏采暖系统，通过太阳能发电，带动中央空调解决集中供电、供暖、制冷问题。已建成木兰村铁西小学 90kW 分布式光伏电站，每年发电 195 万度，为学校节省约 5 万元采暖费用，通过多余电量并网销售，实现收益 14 万元。

二是深化宁鲁合作。引进山东青岛昌盛日电太阳能科技公司，大力发

展精品农业，推广“光伏 + 农业 + 脱贫”模式，依托蘑菇、花卉、蔬菜等优质资源，大力发展集休闲采摘、观光旅游、乡村体验等功能于一体的光伏生态特色游，不断拉长产业链条。已建成光伏农业科技示范园一期，占地 1245 亩，总装机量 30 兆瓦，建设光伏农业大棚 588 栋。规划二期占地 1100 亩，总装机量 20 兆瓦，建设光伏农业大棚 350 栋。引导移民承包大棚经营，最终解决 1000 人稳定就业。

三是深化宁闽合作。依托福建德龙酒业有限公司，计划引进澳门金龙集团，在德龙 10 万亩葡萄种植基地内建设“光伏 + 旅游”度假基地，实现集种植酿酒、旅游、文化和配套产业于一体的多元化产业格局，加快推进葡萄酒文化和旅游产业深度融合，推动贺兰山东麓优质葡萄酒进入澳门、香港市场。

（五）加强社会治理，打造农村改革的示范

多年来，闽宁镇认真落实自治区关于支持闽宁镇改革发展实施意见，扎实推进农业农村各项改革工作，全面实施“双富”工程，推动物质精神“双脱贫”。制定了《闽宁镇简政放权试点工作实施方案》，完成了国有土地承包经营权和宅基地确权工作，挂牌成立了永宁县土地产权交易中心国宁镇分中心，为移民提供土地产权流转、出让、抵押融资等服务，扎实推进金融改革，整合产业发展基金、脱贫基金、村级互助资金、扶贫“双到”资金、千村信贷、妇女小额创业贷款，切实解决移民群众贷款难问题。

探索在新型城镇化加快建设过程中的社会管理创新，积极争取资金支持，全面推进城乡规划、环境保护、土地执法、农村综合治理工作。一是探索实行“两办 + 两中心 +N 个专责”的工作模式（“两办”即党政办公室、产业办，“两中心”即民生服务中心、综治信访维稳中心，“N 个专责”即根据乡镇工作需要，灵活设置若干个专干），推进扁平化管理，

进一步优化人员结构，提升工作效率。二是切实发挥永宁县土地产权交易中心闽宁镇分中心作用，深化农村产权制度改革，搭建产权流转交易服务平台，增加农民财产性收入。三是大力发展村镇银行，不断扩大互助资金、担保基金、脱贫保险、千村信贷、妇女小额创业贷款的发放范围和额度，解决群众产业发展资金问题。四是深化和推进平安建设，落实和谐发展理念，搞好“双减”专项行动，全面提升群众的安全感、满意率和幸福感。五是积极争取内陆开放型经济试验区先行先试的政策支持，打造内陆开放型经济试验区先行镇。采取“走出去，请进来”的方式，开展回乡与闽南经济文化交流与协作，积极探索城镇经济文化对外开放的新途径，规划发展面向国内外的高端旅游观光农业和生态农业；开展农村产权制度改革试点工作，支持农民盘活资产，增加财产性收入，增强发展活力。

第五章　闽宁镇脱贫攻坚的经验

经过24年的奋斗和发展，在荒漠中建成了闽宁村，闽宁村又发展为闽宁镇，如今已经发展成为功能齐备、现代美丽的生态小城。截至2018年，闽宁镇人均可支配收入达12988元，远高于全国农村居民人均可支配收入水平。到2018年底，全镇建档立卡户数降至122户551人，贫困发生率降至0.97%，5个贫困村全部符合出列条件。走进闽宁镇，宽阔的道路两旁绿树成荫，广场、商店、医院、学校等基础设施应有尽有，居民享有20多项城乡居民养老保险和医疗保险，老有所养、病有所医、幼有所教，人民生活水平不断提高。更为可贵的是，24年来，在闽宁镇的示范带动下，宁夏涌现出了110多个闽宁协作示范村、20多个闽宁协作移民新村、320个易地搬迁安置区，累计接收西海固地区易地搬迁移民100多万人。百万移民大搬迁，搬得出、稳得住、能致富，大大缓解了西海固的人口、资源矛盾，使该地区退耕还林还草、封山禁牧、生态修复等工程得以顺利进行。这是东西部扶贫协作的成功案例，是中国特色扶贫开发道路的有益探索，是中国共产党执政为民的创新呈现，是中国智慧为全球减贫治理作出的突出贡献。闽宁镇作为东西部扶贫协作的典范创造了一系列经验，本章从坚持“党是领导一切的”，坚持“开对了‘药方子’，才能拔掉‘穷根子’”，坚持“扶贫必先扶志”，坚持“一张蓝图绘到底”等四个方面对闽宁镇脱贫经验进行阐述，这些成功经验给其他贫困地区提供了借鉴和指导，对全国打赢脱贫攻坚战具有十分重要意义。

一、坚持和加强党对脱贫攻坚工作的全面领导

发挥党和政府在扶贫开发中的主导作用。我国是人民民主专政的社会主义国家，消除贫困，改善民生，是党和政府应尽的职责。习近平总书记强调党和各级政府作为扶贫工作的主导力量，要“加快形成中央统筹、省（自治区、直辖市）负总责、市（地）县抓落实的扶贫开发工作机制，做到分工明确、责任清晰、任务到人、考核到位”。[①] 加强基层党组织建设，充分发挥基层党组织的战斗堡垒和党员干部的先锋模范作用，积极履行主导责任、发挥主导作用，切实解决好贫困地区和贫困群众的生产生活问题。

加强党对脱贫攻坚工作的全面领导，建立各负其责、各司其职的责任体系。坚持党的领导是实现脱贫的根本保证。在脱贫攻坚的过程中，我国一直坚持党的领导，强化组织保证，切实落实领导责任，发挥各级党委总揽全局、协调各方的作用，落实中央统筹、省负总责、市县抓落实的管理体制，加强贫困村基层组织建设，发挥基层党组织战斗堡垒作用，为脱贫攻坚提供坚强的政治保证。

2015 年习近平总书记在贵州调研时讲道，坚持党的领导，发挥社会主义制度可以集中力量办大事的优势，这是我们的最大政治优势。[②] 在脱贫攻坚阶段，加强领导是根本，必须要发挥各级党委的领导作用，实行省市县乡村五级书记一起抓；农村要发展，农民要致富，关键靠支部，要发挥好基层党组织在脱贫攻坚中的战斗堡垒作用；切实发挥第一书记抓党建、

① 《脱贫攻坚战冲锋号已经吹响全党全国咬定目标苦干实干》，《人民日报》2015 年 11 月 29 日，第 1 版。

② 《在部分省区市扶贫攻坚与“十三五”时期经济社会发展座谈会上的讲话（2015 年 6 月 18 日）》，中共中央党史和文献研究院编:《习近平扶贫论述摘编》，中央文献出版社 2018 年版，第 35—36 页。

抓扶贫、抓发展的独特优势和重要作用；驻村工作队作为加强基层扶贫工作的有效组织，要协助基层组织贯彻落实党和政府各项强农惠农富农政策，积极参与扶贫开发各项工作，帮助贫困村、贫困户早日脱贫致富。

（一）省市县乡村五级书记一起抓

习近平总书记高度重视各级党委在扶贫开发工作中的作用，他在河北省阜平县考察扶贫时就讲过:“各级领导干部，特别是贫困问题较突出地区的各级党政主要负责同志，要认真履行领导职责，集中连片特殊困难地区领导同志的工作要重点放在扶贫开发上。”[①] 2015 年，习近平总书记在部分省区市扶贫攻坚与“十三五”时期经济社会发展座谈会上，对各级党委的职责做出了明确的划分，提出要强化“中央统筹、省负总责、市（地）县抓落实的管理体制”。[②] 次年，中共中央办公厅、国务院办公厅印发了《脱贫攻坚责任制实施办法》，按照中央统筹、省负总责、市县抓落实的工作机制，构建出了职责明确、责任清晰、各负其责的责任体系，同时提出了“东西部扶贫协作和对口支援双方各级党政主要负责人必须亲力亲为，推动建立精准对接机制，聚焦脱贫攻坚，注重帮扶成效”。2017 年 2 月，在中共中央政治局第三十九次集体学习时，习近平总书记继续提出要“发挥各级党委领导作用，建立并落实脱贫攻坚一把手负责制，实行省市县乡村五级书记一起抓，为脱贫攻坚提供坚强政治保障”[③]。作为东西部扶贫协作典范的闽宁镇正是得益于各级党委高度重视，全力统筹推进闽宁对口扶贫

① 《在河北省阜平县考察扶贫开发工作时的讲话》，中共中央党史和文献研究院编:《习近平扶贫论述摘编》，中央文献出版社 2018 年版，第 33 页。

② 《在部分省区市扶贫攻坚与“十三五”时期经济社会发展座谈会上的讲话》，中共中央党史和文献研究院编:《习近平扶贫论述摘编》，中央文献出版社 2018 年版，第 35—36 页。

③ 《第十八届中央政治局第三十九次集体学习时的讲话》，中共中央党史和文献研究院编:《习近平扶贫论述摘编》，中央文献出版社 2018 年版，第 44 页。

协作，才使得闽宁镇逐步摆脱贫困落后的局面。自1996年闽宁对口扶贫协作开展以来，两省区建立了联席会议制度，每年轮流举办一次，由省级党委、政府主要同志出席，总结对口协作工作，强化顶层设计，商定协作帮扶方向、内容和重点。截止到2018年，共举行了22次联席会议，逐一落实每次会议提出的帮扶政策。习近平总书记更是以身作则，他在福建工作期间，五次参加联席会议，三次发表重要讲话，亲力亲为推进闽宁对口扶贫协作，提出了“联席推进、结对帮扶、产业带动、互学互助、社会参与”①为主要内容的闽宁对口扶贫协作机制。

与此同时，银川市委也高度重视对闽宁镇发展的再审视、再定位、再谋划，以便形成合力推动闽宁镇建设发展。2016年2月12日，银川市委副书记、银川市推进闽宁镇建设发展工作队队长杜银杰带领市直有关部门负责人，对闽宁镇2016年重点工作进行调研，并在现场协调解决具体问题和相关工作。作为承担脱贫攻坚主体责任的永宁县党委和政府严格落实“两不愁三保障”政策，深入开展精准扶贫、精准脱贫。2018年度积极争取专项资金1.36亿元，探索建立闽宁产业协作新模式。

闽宁模式在全国影响深远，其他地方开始学习闽宁。2018年，浙江省省长袁家军赴四川对接扶贫。承担结对任务的9个市56个县的主要领导均赴对口市县进行考察，其中省级领导3人、地厅级领导91人带队出访四川。浙江与四川建立联席会议，浙江与四川召开高层联席会议4次。浙江省委省政府主要领导召开东西部协作扶贫会议9次。2018年，广东省委省政府、佛山市委市政府领导高度重视对口凉山扶贫协作工作，多次到凉山调研对接工作，其中省级领导12人次，厅级领导38人次。6月2日至3日，中央政治局委员、广东省委书记李希率广东省党政代表团赴凉山

① 杜银杰、周云峰、李鸿儒:《闽宁镇二十年》，银川市政府研究室（扶贫办主编）2016年版，第21、25页。

考察，并与四川省党政代表团召开粤川扶贫协作和对口支援座谈会。佛山市委书记鲁毅先后 7 次对对口凉山扶贫协作工作作出批示，3 次到凉山开展相关工作对接；广东省扶贫办专职副主任梁健今年也 3 次到凉山检查指导工作。2018 年 6 月 2 日，广东省委书记李希率广东省党政代表团赴凉山与四川省党政代表团召开川粤扶贫协作和对口支援座谈会。7 月 14 日佛山市长朱伟带队赴凉山召开两地党政联席会议，研究全面深化对口扶贫协作工作。2018 年以来，佛山市委常委会、市政府常务会议、书记专题会、市扶贫领导小组会议先后共 18 次专题研究扶贫协作工作。其中 3 月 15 日市委书记专题会研究脱贫攻坚和东西部扶贫协作工作；1 月 4 日、6 月 21 日、7 月 19 日、9 月 18 日、10 月 17 日召开市委常委会专题研究扶贫协作相关工作；5 月 11 日、6 月 26 日、6 月 28 日、7 月 5 日、8 月 16 日召开市政府常务会议专题研究相关扶贫协作议题；7 月 4 日召开全市打赢精准脱贫攻坚战工作推进会，对脱贫攻坚和东西部扶贫协作相关工作进行再部署；7 月 5 日、7 月 24 日、10 月 24 日、10 月 25 日、12 月 4 日、12 月 18 日召开市扶贫领导小组会议研究部署对口凉山扶贫协作工作。

（二）基层支部是关键

抓好基层党组织建设是引领贫困群众脱贫致富的核心力量，已成为闽宁镇移民群众的一面旗帜。易地搬迁脱贫是一项复杂的系统性工程，政策性强、群众工作难度大，最需要党组织的领导核心作用，最需要发挥党的政治优势和组织优势从而形成坚强有力的主心骨，带领移民群众脱贫致富奔小康。

农村基层党组织是乡亲们了解党和政府扶贫开发政策、支持农村发展政策的重要阵地，是贫困地区脱贫的关键，是贯彻落实党的扶贫开发工作部署的战斗堡垒。同时，习近平总书记提出要抓好党建促进扶贫，“要把扶贫开发同基层组织建设有机结合起来”，在乡镇层面，要选好贫困乡镇一把手、配强领导班子，使整个班子和干部队伍具有较强的带领群众脱贫致富的能力。在村级层面，要注重选派一批思想好、作风正、能力强的优秀年轻干部，只有这样才能打赢脱贫攻坚战。作为东西部扶贫协作示范的闽宁镇把抓好党组织建设作为引领贫困群众脱贫致富的核心力量，把党建与脱贫攻坚有机结合起来。重视加强镇领导班子建设，坚持把扶贫开发当作选书记配班子的重要风向标，闽宁镇近15年来的8名镇委书记都是从银川市的干部中挑选出来的。闽宁镇和其对口协作镇角美镇互派1名干部挂任副镇长，同时又选派福建省一名副处级领导干部挂职永宁县委常委、闽宁镇党委副书记，从整体上增强了闽宁镇领导班子的力量。坚持把扶贫开发作为选书记、配班子的重要风向标。同时，重视加强农村基层党组织建设和基层党员队伍建设，加强年轻后备干部培养，制定《闽宁镇村级后备干部选拔培养方案》，重点培养储备村级后备干部。设立党员“双带”发展基金，通过把党员培养成致富能手、把致富能手发展成党员，带领移民群众脱贫致富。现在闽宁镇致富能手型党员占全镇党员的16%。

（三）第一书记助脱贫

贫困地区进行脱贫攻坚要有坚强有力的组织保障，长期以来贫困地区基层党组织存在着党组织软弱涣散、班子配备不齐、村“两委”建设滞后等一系列问题，严重影响脱贫攻坚工作的开展。2015年5月，中共中央组织部、中央农村工作领导小组办公室以及国务院扶贫开发领导小组办公室共同印发了《关于做好选派机关优秀干部到村任第一书记工作的通知》，提出从各级机关的优秀年轻干部、后备干部，国有企业、事业单位的优秀人员和以往因年龄原因从领导岗位上调整下来、尚未退休的干部中选派人担任村第一书记。第一书记的主要职责是坚强基层组织、推动精准扶贫、为民办事服务、提升基层乡村治理水平。同年6月，习近平总书记在贵州考察时，提出了扶贫开发工作“六个精准”的基本要求，其中就包含了因村派人（第一书记）精准。因村派人精准就是要针对当前贫困村存在的不同问题，从各部门机关中选派优秀干部到贫困村担任驻村第一书记。在十八届中央政治局第三十九次集体学习时，习近平总书记再次提到“要充实一线扶贫工作队伍，发挥贫困村第一书记和驻村工作队的作用，在实战中培养锻炼干部，打造一支能征善战的干部队伍”①。打赢脱贫攻坚战的关键是人，第一书记作为加强基层农村组织的带头人，要积极带动贫困地区早日打赢脱贫攻坚战。闽宁镇制定《实施“党建强村富民”工程提升闽宁镇基层党组织组织力实施方案》，自2018年起，每个行政村选派1名县处级干部担任队长，1名副科级干部担任副队长兼驻村第一书记，助力6个行政村的脱贫攻坚工作。

（四）驻村工作队齐帮扶

在推进脱贫攻坚工作中实行党员干部驻村帮扶，体现我们党密切联系群众的工作作风。实行驻村干部帮扶，要着眼于各个贫困落后村的具体情况制定具体的帮扶政策，积极参与扶贫开发各项工作，帮助贫困村、贫困户脱贫致富。习近平总书记提出“选派扶贫工作队是加强基层扶贫工作的有效组织措施，要做到每个贫困村都有驻村工作队、每个贫困户都有帮扶负责人”，②“工作队和驻村干部要一心扑在扶贫开发工作上，强化责任要求，有效发挥作用”，③同时要多关心驻村帮扶干部，对在脱贫攻坚中胜利

---

① 《在十八届中央政治局第三十九次集体学习时的讲话》，中共中央党史和文献研究院编:《习近平扶贫论述摘编》，中央文献出版社2018年版，第45页。

②③ 《在部分省区市扶贫攻坚与“十三五”时期经济社会发展座谈会上的讲话》，中共中央党史和文献研究院编:《习近平扶贫论述摘编》，中央文献出版社2018年版，第37页。

完成了任务、各方面表现优秀的干部要注意提拔使用。闽宁镇分别向6个村选派了县处级领导任队长的驻村工作队，由24名队员驻村开展工作，帮助推进脱贫富民奔小康工作。与此同时，注重驻村工作队伍的人员构建，形成了由县级干部担任队长、科级干部担任副队长、镇干部为队员的驻村工作队，明确工作职责，签订目标任务书，做到不脱贫不撤离、不巩固脱贫成果不撤手。

截至2018年，全国累计向贫困村选派第一书记43.5万名、驻村干部278万名。第一书记和驻村干部积极帮助群众出主意干实事，推动脱贫政策措施落地落实。

二、坚持“开对了‘药方子’，才能拔掉‘穷根子’”

1997年，时任福建省党委副书记的习近平来到宁夏，开展闽宁对口帮扶工作，结合两省区的实际情况，提出一系列对口帮扶的思想和举措。这一阶段的主要特征就是以解决被帮扶地贫困人口的温饱为重点，以产业协作为基础，加大企业和社会力量扶贫协作的规模和力度，同时重视教育和科技及人才扶贫协作。

（一）产业是脱贫的重要基础

贫困地区要脱贫、要发展，需要社会各界强有力的支持，更需要从自身出发，增强自身发展能力。闽宁对口扶贫协作取得成功的一个重要原因，是在发挥政府主导作用的同时重视市场机制作用，开对了治理贫困的“药方子”，实现了特色产业发展的突破。两省区牢牢抓住增强贫困地区自身“造血”能力这一关键，把发展特色产业作为提高贫困地区自我发展能力的根本举措，坚持以市场为导向，以产业协作为基础，大力促进贫困地区优势资源开发，带动贫困人口长期稳定脱贫，走出了一条企业合作、产业扶贫、项目带动的"造血"式扶贫路子。政府作为脱贫攻坚的组织者和实施者，其作用主要体现在发展战略规划、搭建发展平台、推动脱贫攻坚政策落实上。唱好特色产业发展的大戏，更关键的是让企业把自身优势和地方特色结合起来，实现共享发展。

闽宁扶贫协作之所以成果丰硕，一个重要经验就是明确重点、精准聚焦，通过对症下药、靶向治疗，实现从"输血"式扶贫到"造血"式扶贫的深刻转变。一年来，东部省市大力加强对帮扶地区的支持力度，通过真金白银、真情实意、真抓实干，采取多种帮扶手段，向着真扶贫、扶真贫、真脱贫的目标不断努力。①

打赢脱贫攻坚战，必须要实现从"输血"式扶贫到"造血"式扶贫的转变，最根本的是要保证贫困地区有产业入驻，为贫困群众提供就业机会，这样才能实现真扶贫、扶真贫。在闽宁协作中，有一大批企业入驻，涉及养殖业、葡萄种植业、光伏产业、旅游产业和劳务输出等方面，并取得显著成效。其中在闽宁镇，养殖业和葡萄种植业以及劳务等都已经成了优势特色产业。除了福建企业之外，还有很多其他沿海省市的企业积极响应党和政府的号召，入驻闽宁镇。2014 年，山东青岛昌盛日电太阳能科技公司入驻闽宁镇原隆村，建设成了集温室设施农业种植、光伏太阳能发电售电于一体的现代农业产业园区。闽宁镇结合实际，将光伏农业园区与扶贫工作相结合，实施光伏农业大棚脱贫模式，通过"政府 + 企业 + 贫困户"的合作模式，实现全镇 76 户建档立卡贫困户"一户一栋大棚"。连续三年内，企业免费给予每户贫困户一栋种植棚使用，由企业给予每户每年 1 万元托

① 颜甲：《新华社评论员：携手担当脱贫攻坚的时代重任——学习贯彻习近平总书记在东西部扶贫协作座谈会重要讲话》，新华网，http://news.e23.cn/guonei/2016-07-22/2016072200008.html，2016 年 7 月 22 日。

管兜底分红，有劳动能力的贫困户在大棚打工，可获得不低于2万元/年的务工收入。[①]昌盛光伏产业园建立了企业自身的独特扶贫路径：第一步，以务工的形式吸纳村民就业，经过培训选择适合自己的岗位进行工作，实现从农民向工人的转变，增加村民收入；第二步，通过一两年的培养，选拔具有上进心的工人，为其提供平台，进行承包，实现从工人向承包户的转变；第三步，企业依然希望通过两到三年的培训，利用村民打工或者承包积累的资金，成立自己的合作组织，成立食用菌专业合作社，使村民实现从承包户向经营者的转变，通过自己的创业增收来达到脱贫的目的。这是企业响应习近平总书记的指示实现从"输血"式扶贫到"造血"式扶贫的转变，使被帮扶方真正实现脱贫。另外，通过土地流转，企业每年支付村民土地流转金，解放了家庭剩余劳动力，从而为贫困户就业增收致富创造了条件。

2016年7月，习近平总书记在闽宁镇考察时强调，当地企业在加快自身发展的同时，也要在产业扶贫过程中发挥好推动作用，先富帮后富，实现共同富裕。产业是助推闽宁镇经济发展的核心，是移民户实现收入稳定增长的基础，是实现由"输血"式扶贫到"造血"式扶贫跨越式发展的根本动力。如果一直依赖于东部发达省市"输血"式的帮扶，闽宁镇就很难有长足发展。现在闽宁镇的发展思路就是变"输血"为"造血"，通过"造血"，引进东部省市企业、人才和资金，让老百姓自己学会技能，通过自己的双手提高自己的收入，实现自己生活生产条件的改变，让自己成为增产增收的主力军。产业化扶贫是闽宁对口协作从"输血"到"造血"转变的关键。闽宁协作模式已经从单向的扶贫解困发展到经济合作、产业对接、互利共赢的新阶段。

---

① 杜银杰、周云峰、李鸿儒：《闽宁镇二十年》，银川市政府研究室（扶贫办主编），2016年11月，第80页。

(二)社会协作是脱贫的重要途径

中华民族自古以来就有守望相助、扶危济贫的传统美德。脱贫攻坚,既要靠党和政府着力推进,也要积极动员社会力量广泛参与。习近平总书记强调,“‘人心齐,泰山移’。脱贫致富不仅仅是贫困地区的事,也是全社会的事。要更加广泛、更加有效地动员和凝聚各方面力量”。[①]要“动员全社会力量广泛参与扶贫事业,鼓励支持各类企业、社会组织、个人参与脱贫攻坚”。[②]同时,要“加大产业带动扶贫工作力度,关键是要激发企业到贫困地区投资的积极性,使企业愿意来、留得住”。[③]“要广泛宣传学习先进典型,激励全党全社会进一步行动起来,激励贫困地区广大干部群众进一步行动起来,形成扶贫开发工作强大合力”。[④]这些论述深刻地阐明了社会力量在脱贫攻坚中的重要作用,为今后一个时期利用社会力量打赢脱贫攻坚战指明了方向。

扶贫攻坚,一方面要靠政府力量,另一方面要调动社会力量。两省区积极搭建社会参与平台,培育多元社会扶贫主体,引导和鼓励社会团体、民间组织、爱心人士通过科技帮扶、公益慈善、投资置业等方式,为对口扶贫协作注入了新的活力。两省区的妇联组织募集资金916万元,联合实施了“母亲水窖”“黄河善谷”等项目;福建企业家义利并举,捐款捐物超过1.3亿元;高等院校联合开展课题研究、人才培养等活动;福建各行各业吸纳4万多宁夏人稳定就业,年劳务收入超过10亿元。占地12000亩,

---

① 《在中央扶贫开发工作会议上的讲话》,中共中央党史和文献研究院编:《习近平扶贫论述摘编》,中央文献出版社2018年版,第100页。

② 同上,第100—101页。

③ 《在东西部扶贫协作座谈会上的讲话》,中共中央党史和文献研究院编:《习近平扶贫论述摘编》,中央文献出版社2018年版,第104页。

④ 《对全国脱贫攻坚奖表彰活动作出的指示》,中共中央党史和文献研究院编:《习近平扶贫论述摘编》,中央文献出版社2018年版,第105—106页。

建设总装机容量为200兆瓦的青岛昌盛原隆村光伏农业科技示范园；占地400亩，总投资1.2亿元，规划建设牛舍50000平方米、饲养肉牛总量达10000头的宁夏壹泰牧业万头肉牛养殖基地；流转土地1000亩，计划总投资1800万元，采用水肥一体化高效节水滴灌模式，示范种植优质红树莓1000亩的原隆村千亩红树莓示范种植基地；由永宁县委、政府与宁夏中银绒业股份有限公司共同合作建设，占地58.85亩，总投资约1.5亿元，于2013年3月12日开工，当年12月正式投产的中银绒业闽宁针织厂；总规划面积4200亩，设置"一纵""三横"四条主干道与环路联通，分成8个区块的闽宁扶贫产业园；酿酒葡萄种植面积稳定在2.8万亩，葡萄酒年产量达2.6万吨的闽宁镇万亩葡萄种植基地等，都是社会各界广泛参与、深度协作的成果。

（三）教育是发展的根本举措

要打赢脱贫攻坚战，"不是轻轻松松一冲锋就能解决的"，需要政府、社会、家庭用更大的耐心、决心，从长远发展的角度，长期投资于下一代的教育，让他们掌握通过劳动创造财富的技能，从根本上拔掉贫困之根。

首先，精准资助，控辍保学。我国已经建立起比较完善的学生资助体系，实现了各教育阶段全覆盖、公办民办全覆盖、家庭经济困难学生全覆盖。今后要确保精准施策，让贫困地区每个家庭的子女不因学杂费问题而辍学。同时也要做好对贫困家庭的精准帮扶，不让学生因家庭暂时面临的经济困难而放弃继续学习的机会。其次，大力发展学前教育。早期教育质量对于一个人未来能力的发展至关重要，但是我国农村地区的学前教育水平普遍偏低。因此，除大力发展农村公办幼儿园，努力为所有幼儿提供有质量的学前教育外，还应当开展家庭教育指导，使家长深刻认识到早期教育对于人一生成长的重要性。再次，提高贫困地区学校教育的质量。学校教育质量提升的关键在教师。如何吸引、留住优秀教师在贫困地区从教，这是当前农村教育面临的一个难题。仅仅依靠坚守在贫困地区少数教师的热情，远不能满足良好教育对师资数量和质量的要求。应当建立中央财政、地方财政、社会捐赠等多渠道经费筹措机制，确保贫困地区教师获得相应待遇。同时，最大限度发挥全社会力量，提高贫困地区基本公共服务水平，培育良好的社会文化氛围，为有志于投身乡村教育的教师提供更具吸引力的环境。最后，以新技术、新产业带动贫困地区经济发展，让教育的经济价值充分发挥出来。没有新技术、新产品、新市场等要素的引入，贫困地区往往会陷入一种低收入—低教育投入的恶性循环，这就需要引导高等学校和其他科研机构面向农村开展科学研究。政府、企业和其他社会力量要共同介入，帮助贫困地区寻找当地经济发展的相对优势，并提供必要的资金和技术支持。职业学校要发挥技能培训的重要价值，为贫困地区产业发展提供人才支撑。

2019 年闽宁镇政府工作报告指出，开展贫困地区控辍保学专项行动、明显降低辍学率，继续增加重点高校专项招收农村和贫困地区学生人数，用好教育这个阻断贫困代际传递的治本之策。在闽宁协作中，福建不仅在经济和资金等方面予以帮扶，在教育发展上也给予了有力支援。2016 年，福建漳州台商投资区台商联谊会投资 3000 万元援建了闽宁镇角美小学，并于 2016 年 9 月 1 日正式投入使用。福建漳州台商联谊会还向角美小学贫困学生捐赠了 18 万元奖学金，连续 6 年资助 30 名贫困学生顺利完成学业。[①] 2018 年 5 月，福建漳州台商投资区设立闽宁 200 万元教育奖学助学基金，其中区财政拨付角美镇 180 万元，杨厝村杨伟强捐赠 20 万元，由角美镇以提供对口帮扶资金形式支持闽宁镇建立教育奖学助学基金。9 月

① 杜银杰、周云峰、李鸿儒:《闽宁镇二十年》，银川市政府研究室（扶贫办主编），2016 年 11 月，第 91 页。

26日，厦门远大律师事务所为闽宁二中捐书500册；9月28日，福建省宁夏商会响应号召，为永宁县闽宁镇第二小学、角美小学的800多名学生捐赠了“爱心包”，价值10.8万元。闽宁镇现有中学1所，小学9所，公办幼儿园1所，在校学生9827人，教职工488人（其中正式教师359人，临聘教师129人）。

“扶贫必先扶智，治穷必先治愚。”东西部协作不仅让贫困地区子女能够到发达地区接受先进的教育，还享受到了很多扶贫政策及学校给予的关心和关爱。这种多方联动、通力合作、精准发力、整体提升职业教育扶贫水平的新机制，实现了贫困人口与东部先进教育的有效对接，进一步增强了贫困地区脱贫致富的能力和信心，进一步推进了东西部扶贫协作工作的开展。

（四）人才是发展的有力保障

打赢脱贫攻坚战，人才是关键所在。打赢脱贫攻坚战，是保障全体人民共享改革发展成果、实现共同富裕的重大举措，是体现中国特色社会主义制度优越性的重要标志。当前和今后一个时期，要充分发挥人才在脱贫攻坚中的引领、带动、示范和促进作用，形成强有力的人才智力支持，扎实推进脱贫攻坚各项工作顺利开展。

人才是脱贫攻坚的第一资源。贫困地区要走出发展的困境，实现精准脱贫，离不开资金、物资、技术等各种资源的支持，但这些外部资源效用的发挥，必须通过“人”来把握和实现。人才作为人力资源中能力与素质较高的群体，是组织、使用各类精准扶贫资源并使之有效发挥作用的能动性、关键性要素。从这一意义看，人才对于深度连片特困地区的重要性远超过其他资源。推进贫困地区的精准扶贫、精准脱贫，必须把培育与引进人才放在突出位置。

习近平总书记指出，要继续发挥互派干部等方面的好经验、好做法，促进观念互通、思路互动、技术互学、作风互鉴。要加大对西部地区干部特别是基层干部、贫困村致富带头人的培训力度，打造一支留得住、能战斗、带不走的人才队伍。[①] 1996—2010 年，东部通过各种方式和渠道共向西部提供无偿援助资金 78.6 亿元；援建公路 14699 千米、基本农田 554.1 万亩、学校 5776 所；兴修人畜饮水工程，帮助解决了 376.9 万人、1090.1 万头牲畜的饮水困难；组织安排西部劳务输出 265 万人次，培训各类人才 59.9 万人次，引进各种实用技术 2991 项；东部地区企业在协作省区投资总额达到 6972.7 亿元。2003—2010 年，东部地区向西部地区直接派出扶贫挂职干部 2592 名（其中地厅级干部 68 名，县处级干部 645 名）；协作双方各级领导考察学习 62254 人次（其中省级领导 1643 人次）。东部地区共有 5249 名教师、医生、农技等专业技术人才到西部地区挂职工作和提供技术指导。"十二五"期间，东西部扶贫协作迈上一个新台阶。东部 9 省市投入东西部扶贫协作、援藏、援疆等方面资金达 740 多亿元，引导企业实际投资 2 万多亿元，选派挂职干部和科技人员数万名。西部地区主要经济指标增速连续五年超过东部地区和全国平均水平，城乡居民收入大幅提高，部分基础设施和公共服务接近全国平均水平，区域发展协调性大大增强。

习近平总书记在东西部扶贫协作座谈会上指出："在脱贫攻坚战场上，基层干部在宣讲扶贫政策、整合扶贫资源、分配扶贫资金、推动扶贫项目落实等方面具有关键作用。"[②] 广大的基层干部与贫困群众的接触最为频繁，联系最为紧密，也是落实党和国家政策最关键的"最后一千米"。要

---

① 胡佳：《习近平：扶贫协作和对口支援必须长期坚持》，《中国老区建设》2016 年第 8 期。

② 《在东西扶贫协作座谈会上的讲话》，《习近平扶贫论述摘编》，中央文献出版社 2018 年第 1 版，第 43 页。

打赢脱贫攻坚战，真正实现共同富裕，关键还在于发挥我们干部的作用。因此在打赢脱贫攻坚战的过程中“要采取双向挂职、两地培训等方式，加大对西部地区干部特别是基层干部、贫困村致富带头人的培训力度，帮助西部地区提高当地人才队伍能力和水平，打造一支留得住、能战斗、带不走的人才队伍。向对口帮扶地区选派扶贫干部和专业人才，也要突出精准，缺什么补什么，增加教育、医疗、科技、文化等方面干部和人才比例，优化扶贫干部和人才结构”。①

在进行扶贫“输血”的同时要不断增强贫困地区的“造血”能力，不仅要为贫困地区投入资金加以支持，也要投入人才资源，依靠人力扶志与扶智。这一既保障财力又保障人力的举措，能够为世界其他国家解决贫困人口脱贫和激发贫困人口内生动力问题提供中国智慧。

三、坚持“扶贫必先扶志”

要想致富，必先有志。贫困地区要想打赢脱贫攻坚战，在开展扶贫工作的过程中，要特别重视帮助贫困人口树立战胜贫困、摆脱贫苦落后面貌的信心，从思想上拒绝“等靠要”。摆脱贫困既要摆脱物质的贫困，更要摆脱意识和思路的贫困。这是闽宁对口扶贫协作的一个重要启示。24年来，福建在给予宁夏贫困地区物质帮扶的同时，更带来了改革发展的新理念，促进了宁夏干部群众思想观念的转变。“爱拼才会赢”的福建精神，激励着宁夏干部群众进一步解放思想、艰苦创业。闽宁镇的农民大多是自愿从西海固地区搬迁来的，他们能让昔日的戈壁荒滩变成今日的特色小镇，靠的就是“能吃苦”的创业精神和坚忍不拔的毅力。正如习近平总书记2013

① 《在东西扶贫协作座谈会上的讲话》，《习近平扶贫论述摘编》，中央文献出版社2018年第1版，第43页。

年在湖南考察时讲到的，脱贫致富贵在立志，只要有志气、有信心，就没有迈不过去的坎。

贫困地区发展要靠内生动力，内在活力不够，没有经济上的持续来源，发展就会出现问题。脱贫致富贵在立志，只要有志气、有信心，就一定能打赢脱贫攻坚战。事物的发展是由内因和外因共同决定的，内因是决定性因素，在脱贫攻坚中要引导和支持所有有劳动能力的人，依靠自己创造美好生活。要改变传统的送钱送物的帮扶方式，通过激发贫困人口内生动力，把扶贫和扶志、扶智结合起来，因地制宜大力发展产业，从依靠外部“输血”逐步改变为依靠自身“造血”，把贫困群众积极性和主动性充分调动起来，靠自己的辛勤劳动实现脱贫，靠自己的努力改变命运。

（一）扶贫先立志

要想致富，必先有志。贫困地区要想打赢脱贫攻坚战，在开展扶贫工作的同时，要帮助贫困人口树立战胜贫困、摆脱贫苦落后面貌的信心，从思想上拒绝“等靠要”。习近平总书记 2013 年在湖南考察时讲道:“没有脱贫志向，再多扶贫资金也只能管一时，不能管长久”，要“充分调动广大干部群众的积极性，树立脱贫致富、加快发展的坚定信心，发扬自力更生艰苦奋斗精神”，要通过自身辛勤劳动改变贫穷落后的局面。闽宁镇坚持扶贫扶志的思想理念，组织各级党员干部群众深入学习习近平总书记重要讲话，进一步武装头脑、提高认识，切实增强决胜全面建成小康社会的信心和决心。党的十八大以来，闽宁镇积极争取区、市、县项目资金，先后投入 33.8 亿元改善基础设施、建设产业园区、发展社会事业，努力创造可复制、可推广的闽宁镇经验。针对全镇 70% 的回族人口，大力开展民族团结教育，扎实推进社会主义核心价值观教育，大力推进民风建设。原隆村荣获“自治区美丽乡村文明创建工程示范村”称号，中央文明办《精神文明报》连载十二期宣传闽宁镇精神文明建设工程。深入推进文化惠民工程，移民群众精神面貌明显改善，脱贫奔小康的信心更足，动力更强。扶贫开发首先就是要调动困难群众的积极性、主动性和创造性，克服“等靠要”的思想，激发脱贫致富的内生动力，这样贫困群众才能在各方面的帮助和支持下，用勤劳的双手创造幸福生活。

（二）扶贫必扶智

扶贫既要富口袋，也要富脑袋。习近平总书记十分重视在脱贫攻坚中对贫困群体脱贫致富能力的提升，提出“扶贫必扶智，治贫先治愚。贫穷并不可怕，怕的是智力不足、头脑空空，怕的是知识匮乏、精神委顿”。[①]要“注重培育贫困群众发展生产和务工经商的基本技能，注重激发贫困地区和贫困群众脱贫致富的内在活力，注重提高贫困地区和贫困群众自我发展能力”。[②]同时，习近平总书记十分重视教育对摆脱贫困的作用，“要把下一代的教育工作做好，特别是要注重山区贫困地区下一代的成长。下一代要过上好生活，首先要有文化，这样将来他们的发展就完全不同”，[③]“抓好教育是扶贫开发的根本大计，要让贫困家庭的孩子都能接受公平的有质量的教育”，[④]“要推进教育精准脱贫，重点帮助贫困人口子女接受教育，阻

---

① 《在东西部扶贫协作座谈会上的讲话》，中共中央党史和文献研究院编：《习近平扶贫论述摘编》，中央文献出版社 2018 年版，第 137—138 页。

② 《在深度贫困地区脱贫攻坚座谈会上的讲话》，中共中央党史和文献研究院编：《习近平扶贫论述摘编》，中央文献出版社 2018 年版，第 141—142 页。

③ 《在河北省阜平县考察扶贫开发工作时的讲话》，中共中央党史和文献研究院编：《习近平扶贫论述摘编》，中央文献出版社 2018 年版，第 131—132 页。

④ 《在中央经济工作会议上的讲话》，中共中央党史和文献研究院编：《习近平扶贫论述摘编》，中央文献出版社 2018 年版，第 133 页。

断贫困代际传递”。[①] 闽宁镇坚持扶贫和扶志、扶智相结合，建立了宁夏生态移民培训示范基地和创业就业服务中心，一轮接一轮开展职业技能全员大培训，确保有劳动能力的移民群众都能掌握1—2门实用技术，培养了一批高素质、高技能的产业工人，每年劳务就业在8000人，实现收入近1亿元，人均收入1.2万元，占移民群众收入的54%以上。同时，注重优化教育资源配置和对教育的投资力度。福建省漳州市台商投资区投入3700万元，建设了闽宁角美小学，硬件设施达到了银川市区小学建设水平。角美镇发起“角美助学基金”，资助闽宁镇144名贫困学生每人每年1000元，福建省选派12名骨干教师在闽宁镇支教，为贫困地区的孩子未来发展打下了坚实的基础。

总之，弱鸟可望先飞，至贫可能先富。但能否实现先飞、先富，关键要看我们头脑里有无这种意识。[②] 只要有信心，黄土变成金。贫困地区要靠内生动力才能发展。[③]

四、坚持“一张蓝图绘到底”

习近平总书记强调，一张好的蓝图，只要是科学的、切合实际的、符合人民愿望的，大家就要一茬一茬接着干。闽宁对口扶贫协作24年来，每个帮扶人员真情投入、真心付出、接力奋斗，激发了贫困群众的热情和动力，感染带动了宁夏党员干部，形成了脱贫攻坚的强大精神力量。脱贫攻坚是一个艰难复杂的过程，根本改变贫困、落后面貌，需要广大

① 《在北京市八一学校考察时的讲话》，中共中央党史和文献研究院编:《习近平扶贫论述摘编》，中央文献出版社2018年版，第139—140页。

② 习近平:《摆脱贫困》，福建人民出版社1992年版，第2页。

③ 《在河北省阜平县考察扶贫开发工作时的讲话》，中共中央党史和文献研究院编:《习近平扶贫论述摘编》，中央文献出版社2018年版，第131页。

人民群众发扬“滴水穿石”的韧劲和默默奉献的艰苦创业精神，进行长期不懈的努力。尤其是党员干部和基层党组织，更要发挥好先锋模范作用和战斗堡垒作用，时刻把贫困群众冷暖放在心上，把脱贫攻坚任务扛在肩上，拿出“不破楼兰终不还”的气概和决心，保持“咬定青山不放松”的激情和韧劲，多做打基础、管长远的事情，真正在脱贫攻坚中践行党的宗旨，带领贫困群众奔向全面小康，用实干和奋斗才能成就梦想。

在闽宁镇的脱贫过程中，始终坚持把全面从严治党要求贯穿脱贫攻坚工作全过程和各环节，实施经常性的督查巡查和最严格的考核评估，确保脱贫过程扎实、脱贫结果真实，使脱贫攻坚成效经得起实践和历史检验。要坚持年度脱贫攻坚报告和督查制度，加强督查问责，对不严不实、弄虚作假的严肃问责。要加强考核，确保成效。要用严格的制度来要求和监督，对脱贫攻坚工作成效进行考核，总结经验，查找问题。同时要对创新考核方式方法、完善考核评价机制进行有益探索。要注意引导好舆论力量，做好扶贫宣传。要全面宣传我国扶贫事业取得的重大成就，报道各地区各部门在精准扶贫、精准脱贫工作中的探索和实践，通过宣传精准扶贫的典型引领带动其他贫困地区打赢脱贫攻坚战。同时，要加强对外宣传，讲好减贫扶贫中国故事。习近平总书记在多个场合强调，我们不缺豪言壮语，也不缺运动式的东西，关键是看有没有找对路子，有没有锲而不舍干下去。[①] 24年来，在党和政府的正确引导下，在国家扶贫政策的大力支持下，在闽宁协作模式的推动下，在移民群众的苦干实干奋力拼搏下，闽宁镇的脱贫攻坚取得瞩目成就。

---

① 习近平:《成功之道在于锲而不舍》，载《之江新语》，浙江出版联合集团、浙江人民出版社2007年版，第35页。

（一）建立年度脱贫攻坚报告和督查制度

全面打赢脱贫攻坚战，不仅需要各级党委撸起袖子加油干，进一步解决贫困地区的各种难题，同时也需要各级党委建立年度脱贫攻坚报告和督查制度，加强督查问责。习近平总书记2015年在中央扶贫开发工作会议上提出“要建立年度脱贫攻坚报告和督查制度，加强督查问责，把导向立起来，让规矩严起来”。[①] 同年，中共中央、国务院印发了《中共中央 国务院关于打赢脱贫攻坚战的决定》，进一步指出要严格扶贫考核督查问责，建立年度扶贫开发工作逐级督查制度，选择重点部门、重点地区进行联合督查，对落实不力的部门和地区，国务院扶贫开发领导小组要向党中央、国务院报告并提出责任追究建议，对未完成年度减贫任务的省份要对党政主要领导进行约谈。次年，中央办公厅、国务院办公厅印发了《脱贫攻坚督查巡查工作办法》，列为党内法规，要求督查以促进抓落实为导向，巡查以发现问题为重点，对签订脱贫攻坚责任书的中西部22个省区市开展综合督查，通过“开展督查巡查，及时发现解决问题，对推动中央脱贫攻坚决策部署扎实落地有重要作用”，[②] “坚持年度脱贫攻坚报告和督查制度，加强督查问责，对不严不实、弄虚作假的严肃问责”。[③]

① 《在中央扶贫开发工作会议上的讲话》，中共中央党史和文献研究院编：《习近平扶贫论述摘编》，中央文献出版社2018年版，第112页。

② 《国务院扶贫办二〇一六年脱贫攻坚督查巡查情况的报告》，中共中央党史和文献研究院编：《习近平扶贫论述摘编》，中央文献出版社2018年版，第115页。

③ 《在深度贫困地区脱贫攻坚座谈会上的讲话》，中共中央党史和文献研究院编：《习近平扶贫论述摘编》，中央文献出版社2018年版，第121页。

（二）加强考核，确保成效

在脱贫攻坚过程中，要用好考核“指挥棒”，积极引导贫困地区党政领导干部把主要精力放在脱贫攻坚上。习近平总书记在东西部扶贫协作座谈会上指出，要用严格的制度来要求和监督，不能做与不做一个样、做多做少一个样。要抓紧制定东西部扶贫协作考核评价指标，[①]考核要突出目标导向、结果导向，考核的重点放在解决多少贫困人口脱贫上。2016 年，宁夏回族自治区就出台了相关的考核机制，“取消了对 9 个贫困县的 GDP 考核，将脱贫攻坚考核权重由 7% 提高到 45%，让脱贫成效考核发挥‘指挥棒’作用”。[②]同时，在考核过程中要不断完善考核方式，创新考核方法，采取省际交叉考察、运用第三方评估等措施来确保考核成效，要运用好考核成果，“对考核结果好的要给予表扬和奖励；对问题突出的要约谈，指出问题，督促整改；对不作为的要问责；对问题严重的、违法违纪的一定要严肃处理”。[③]

（三）引导好舆论力量

打赢脱贫攻坚战，需要打好舆论战、宣传战。宣传工作既要造声势，又要鼓干劲，还要推典型。要全面宣传我国扶贫事业取得的重大成就，用信心凝聚力量，调动各方面的积极性，把我们的政治优势和制度优势发挥好，营造良好氛围。习近平总书记提出“要注意引导好舆论，既要努力工

---

① 《在东西部扶贫协作座谈会上的讲话》，中共中央党史和文献研究院编：《习近平扶贫论述摘编》，中央文献出版社 2018 年版，第 112—113 页。

② 张丽君等：《中国少数民族地区扶贫进展报告 :2016》，中国经济出版社 2018 年版，第 63 页。

③ 《在中央政治局常委会会议审议〈关于二○一七年省级党委和政府扶贫开发工作成效考核等情况的回报〉时的讲话》，中共中央党史和文献研究院编：《习近平扶贫论述摘编》，中央文献出版社 2018 年版，第 126 页。

作，又要从实际出发，不要吊高胃口”，[①]要生动报道各地区各部门在精准扶贫、精准脱贫的探索和实践，通过鲜活典型的示范引领带动，促进扶贫工作不断深入。1996年—2016年的二十年间，仅《宁夏日报》关于闽宁对口扶贫协作的新闻报道就有200余篇。题材内容涵盖了消息、通讯、综述、图片、言论等；以会议、项目、人物为主要内容（含新华社、人民日报等通稿），涉及项目80余篇、会议50余篇、人物30余篇、其他40篇。[②]同时，通过中央主流媒体以及省市区县在全国范围内的宣传报道，吸引了大量的社会力量到东西部扶贫协作的示范地——闽宁镇来进行投资，从而有效助力贫困人口脱贫。

坚持“一张蓝图绘到底”，其实就是一种滴水穿石的精神。喻之于人，是一种前仆后继、勇于牺牲的人格的完美体现。经济比较落后的地区，其发展总要受历史条件、自然环境、地理因素等诸方面的制约，没有什么捷径可走，不可能一夜之间就发生巨变，只能是渐进的，由量变到质变的滴水穿石的变化。我们需要锲而不舍的韧劲。[③]有一种奋斗叫脱贫攻坚。习近平总书记指出，行百里者半九十，越到紧要关头，越要坚定必胜的信念，越要有一鼓作气攻城拔寨的决心。伟大的事业之所以伟大，不仅因为这种事业是正义的、宏大的，而且因为这种事业不是一帆风顺的。脱贫攻坚是硬仗中的硬仗，必须付出百倍努力。把好监督执纪关、压实脱贫攻坚责任，是决胜全面小康、落实好扶贫政策的重要环节，真正体现了中央打赢脱贫攻坚战的坚定决心，标注我们这一代人的奋斗和担当。脱贫攻坚，要精准施策，尽锐出战，接续奋斗是前提。奋斗是永不言败的气质。脱贫攻坚是一场硬仗，很艰难，但必须打好打赢。尤其是深度贫困地区，都是难啃的

---

① 《在部分省区市扶贫攻坚与“十三五”时期经济社会发展座谈会上的讲话（节选）》，中共中央党史和文献研究院编：《习近平扶贫论述摘编》，中央文献出版社2018年版，第111页。

② 张国长：《在深化闽宁合作中加强新闻舆论工作的实践研究》，《新闻传播》2018年第5期。

③ 习近平：《摆脱贫困》，福建人民出版社1992年版，第57—59页。

“硬骨头”，但“无论这块硬骨头有多硬都必须啃下，无论这场攻坚战有多难打都必须打赢”，遇到挫折和困难，咬紧牙关，攻坚克难，就能取得一个又一个的胜利，最终夺取全面胜利。奋斗是开启幸福之门的“金钥匙”，是脱贫攻坚的生动注脚。没有奋斗，脱贫攻坚就像汽车没有了引擎，鸟儿没有了翅膀。只有齐心协力、顽强奋斗，才能彻底拔掉“穷根”，打赢脱贫攻坚战，决胜全面建成小康社会。

第二篇 TWO

十八洞村：精准扶贫“十六字”方针助推贫困村巨变

——精准扶贫首倡地十八洞村脱贫攻坚案例

十八洞村，位于全国 14 个集中连片特困地区之一的武陵山区深处，是湖南省湘西土家族苗族自治州花垣县双龙镇的一个普通苗族村寨。2013 年 11 月 3 日，习近平总书记来到十八洞苗寨调研，与苗族同胞促膝谈心，谋划发展，并作出了“实事求是、因地制宜、分类指导、精准扶贫”的重要指示。十八洞村成为习近平总书记“精准扶贫”方略的首倡地。为贯彻落实总书记的重要指示，花垣县委成立了由县委书记亲任组长、县长任第一副组长、其他 6 名副县级领导任副组长、县直相关职能部门和双龙镇党委政府负责人为成员的县委十八洞村精准扶贫工作领导小组，并派出精准扶贫工作队和第一书记驻村，按照习近平总书记关于十八洞村模式要“可复制、可推广”和“不能搞特殊化，但不能没有变化”的要求，深入开展精准扶贫工作。从此，十八洞村迎来了春天，走上了脱贫致富的快车道。2017 年 2 月，十八洞村成功摘掉了压在头顶千年的“贫困帽”，成为湖南省首批脱贫的示范村之一。2018 年，十八洞村村民人均纯收入高达 12128 元，成为全国脱贫攻坚的一面旗帜。6 年多时间里，先后荣获“全国少数民族特色村寨”“全国乡村旅游示范村”等多项殊荣。2018 年 6 月 2 日，老挝人民革命党中央总书记、国家主席本扬率党政高层代表团赶赴十八洞村，重走习近平总书记走过的路线，感受中国脱贫攻坚的生动实践，学习十八洞村脱贫经验。十八洞村走出了国门，走向世界。2019 年农历大年三十，习近平总书记等中央领导同志心系贫困地区群众，就湘西土家族苗族自治州特别是十八洞村探索出的精准扶贫经验作出重要指示批示，高度肯定包括十八洞村在内的整个湘西土家族苗族自治州精准扶贫可复制可推广的经验和成效。那么，作为“精准扶贫”的首倡之地，十八洞村究竟是如何贯彻落实习近平总书记关于扶贫工作的重要论述，做出首倡之为，成功提交“不能搞特殊化，但不能没有变化”且探索出“可复制、可推广”模式的答卷的呢？本案例将和大家一起寻找这一答案。

第一章　十八洞村的贫困与反贫困成就

一、十八洞村的自然人文

十八洞村位于湖南省湘西土家族苗族自治州的花垣县双龙镇西南部。传说古夜郎国国王打败仗后，翻山越岭来到这里，发现了一个能容纳几万人的大溶洞，且洞内有十八叉溶洞，洞洞相连，于是便定居下来，休养生息，繁衍后代，故名夜郎十八洞，简称十八洞。2005 年，飞虫村和竹子村合并为一个村，为了发展乡村旅游产业，故以洞名作为合并之后的村名，十八洞村之名由此而来。全村总面积 14162 亩，耕地面积 817 亩，林地面积 11093 亩，森林覆盖率 78%，下辖 4 个自然寨 6 个村民小组 225 户 939 人，人均耕地仅 0.83 亩。该村地处高寒山区，平均海拔 700 米，属高山熔岩地貌，生态环境优美，境内自然景观独特，被习近平总书记誉为“小张家界”。有莲台山林场、黄马岩、乌龙一线天、背儿山、擎天柱等景点，特别是十八洞景观奇特，神态各异，巧夺天工。村内瀑布纵横，枯藤老树，鸟语花香，高山峡谷遥相呼应，享有“云雾苗寨”之美称。该村属纯苗族聚居村，苗族风情浓郁，苗族原生态文化保存完好，民居特色鲜明，有“过苗年”“赶秋节”“山歌传情”等民族文化活动。每到春节，这里便有抢狮、接龙、打苗鼓等传统习俗；每逢赶秋节，这里便组织舞龙、八人秋、椎牛、唱苗歌、苗族绝技等活动。该村还拥有苗绣、蜡染、花带、古花蚕丝织布等文化旅游产品，有十八洞腊肉、酸鱼、酸肉、野菜、苞谷烧等多种特色食品。

二、十八洞村的贫困特征

十八洞村所在的武陵山区，属于喀斯特地貌，群山起伏，峰崖交替，溶洞密布，沟壑纵横，素有“九山半水半分田”之说。受自然条件的制约，这里经济社会发展一直较为滞后，是全国 14 个集中连片特困地区之一。十八洞村同样处于群山环绕之中，地理位置较为偏僻，自然条件恶劣，属于典型的深山区少数民族贫困村（纯苗寨），贫困面广、程度深、基础设施不完善、产业发展滞后、村民文化程度低。以下是十八洞村曾经贫困的写照：

1. 吃顿大米饭都是难事

“山沟两岔穷疙瘩，每天红薯苞谷粑，要想吃顿大米饭，除非生病有娃娃。”这首广为流传的苗歌是十八洞村人过去那艰辛岁月的真实写照。2011 年，十八洞村人均纯收入 1280 元，这仅为花垣县、湘西土家族苗族自治州、湖南省、全国农民人均纯收入的 33.77%、34.84%、19.49%、18.35%。2012 年，该村人均纯收入 1417 元，仅为县、州、省及全国农民人均纯收入的 32.56%、33.1%、19.05% 和 17.9%。2013 年，全县、全州、全省、全国农民人均纯收入分别为 4903 元、5260 元、8372 元、8896 元，而十八洞村人均收入 1668 元，仅为全国平均水平的 18.8%，不到全国农村人均水平的 1/5。贫困人口占全村总人口的 56.8%。可见，十八洞村人均纯收入增速慢，与县、州、省及全国平均水平差距大且呈持续扩大的趋势。村里大约有三分之一的家庭一年难得吃几顿肉，一年到头基本是苞谷酸辣子唱主角。一些村民自嘲说：“啥叫穷得叮当响？就是穷人的碗不沾油，碰起来更加响。”很多人家里的衣服常常是大的穿了小的接着穿，有些特别困难的家庭还要借粮过日子。

2. 娶个媳妇都犯难

村民总体文化程度低，单身汉多。全村 939 人，其中，文盲 150 人，小学文化 385 人，初中文化 295 人，高中文化 81 人，大专及以上文化仅 28 人。与此同时，因为贫困，“娶媳妇”也成了大难题。2013 年，该村 40 岁以上的单身汉有 38 人。“有女莫嫁十八洞”远近皆知、家喻户晓。于是老光棍成了十八洞村一个特殊群体，找老婆成了他们最渴望最头痛的一件大事。有人把附近风景区的照片给女朋友看，说是自己的家乡，等到谈婚论嫁时，却不敢带回家，怕穿帮；有人费尽九牛二虎之力，好不容易带个女孩回家，对方一看穷山恶水，头也不回地走了；有外地女子嫁进十八洞村后，过了几年，再也忍受不了贫困的生活，也抛夫弃子，远走高飞。虽然新农村建设以及 2011 年新一轮攻坚战启动后先后实施了村道、村部等基础设施建设，但因该村地域广、居住散，村内基础设施仍很不完善。脱贫前的十八洞村，老百姓常常是一家四代人挤在不足 100 平方米的小木房中，要是有人结婚娶新娘子，连找个单独洞房都很犯难。

3. 村集体账面上没一分钱

2013 年全村水稻收入 40 万元，玉米收入 5 万元，烤烟收入 32 万元，西瓜收入 28 万元，农业产业未形成规模，村级集体经济几乎为空白，村民主要经济来源靠外出务工。因为没有村集体产业，伴随着改革开放的浪潮，越来越多的农村人涌入城市谋求生路。一个人带着一拨人，一拨人带着一村人，男男女女，凡是有劳动能力的，几乎都外出打工了。几年下来，不到 1000 人的小山村，居然有 600 多人先后远走他乡。人去村空成了十八洞村的常态，平时几乎看不到青壮年劳力，家家都是无人侍奉的老人、无人照顾的妇女和留守儿童，遇上红白喜事，连帮忙的人都要从外村请。十八洞村所在的花垣县还流传着十八洞“四大皆空”的说法。那就是，没有想法脑壳空，没有产业荷包空，没有婆娘堂屋空，没有人气寨子空。“穷”成了十八洞村的标签，深深烙在每一个十八洞人心坎。

三、十八洞村反贫困的巨大成就

十八洞村和湘西大山中的大多数贫困村一样，虽然一直有着国家扶贫政策的支持，但“年年扶贫年年贫”。由于未能有效激发村民的内生动力和发展“外向型”产业，村民收入增长有限，与外界差距越拉越大，贫困程度持续加深，同时，常年戴着“贫困帽”，“等靠要”思想也有所蔓延。多年的扶贫努力，虽然给十八洞村送去了党的温暖、国家的关怀，但没有让十八洞村走上真正的脱贫致富路。2013 年 11 月 3 日下午，习近平总书记来到十八洞调研，与苗族同胞促膝谈心，共谋发展，并作出了“实事求是、因地制宜、分类指导、精准扶贫”的重要指示，明确提出十八洞模式要“可复制、可推广”和“不能搞特殊化，但不能没有变化”的要求。从此，十八洞村迎来了春天，走上了脱贫致富的快车道。2017 年 2 月，十八洞村 136 户 533 名贫困人口全部脱贫。2018 年，村人均纯收入由 2013 年的 1668 元增加到 12128 元。先后被评为“全国先进基层党组织”“全国少数民族特色村寨”“全国乡村旅游示范村”“全国文明村”“全省脱贫攻坚示范村”。十八洞村在以下五个方面实现了历史的跨越。

1. 从深度贫困走向了生活宽裕

2017 年 2 月，全村贫困人口全面脱贫，实现了“两不愁三保障”，当年的全村人均纯收入达到 10180 元，2019 年进一步增长到 14668 元，2020 年全村人均纯收入达到 18369 元，7 年时间人均纯收入增长了十余倍，村集体收入达到了 180 余万元。现在的十八洞村村民的收入越来越高，居住条件越来越好，不少村民购买了小汽车。面对翻天覆地的生活巨变，村民们又用苗歌唱出了心中的喜悦：“吃住不用愁，衣着有讲究；增收门路广，票子进衣兜；天天像赶集，往返如人流；单身娶媳妇，日子乐悠悠。”

2. 从村合心不合走向了互助互兴

十八洞村由 4 寨 2 村于 2005 年合并而成，合并后党员、干部意见不合，组与组之间、寨与寨之间、村民之间各有“算盘”，离心离德，党支部和村委会缺乏凝聚力，十八洞村就如“一盘散沙”，没有任何朝气和活力。精准扶贫实施以来，在扶贫工作队的帮助下，强化了村“两委”和基层党组织建设，成立了青年突击队，在“五化”党支部建设的同时，探索出了“互助五兴”的乡村治理模式，村民们形成了“互相帮助、共同发展”的良好氛围和积极向上、艰苦奋斗的良好精神状态。2020 年新冠肺炎疫情暴发时，村民们自发捐款了 14800 元。

3. 从破旧落后走向了“醉美乡村”

精准扶贫前，十八洞村道路狭窄泥泞，贫困家庭房旧屋破、漏风漏雨，人畜共居，整个村庄看起来破败不堪。精准扶贫后，十八洞村结合扶贫攻

十八洞村梨子寨鸟瞰图（照片由十八洞村委会提供）

坚过程中的农村基础设施建设、农村“五改”、农村环境综合整治和特色民族村寨等项目，在全村发展整体规划和驻村规划师的引领和指导下，通过水、电、路、房、通信、环境治理“六到户”，实现了“投入少、见效快、原生态”的目标，村民的居住环境、村内基础设施、村容村貌发生了翻天覆地的变化，成了远近闻名的“醉美乡村”。

4. 从闭塞偏远走向了现代文明

曾经的“交通难、读书难、看病难、保障难”等突出难题经过六年多的建设都得到了解决。现在村里有了联通内外的高等级柏油公路，有了联通全国及全球的邮局、银行和宽带网络，有了宽敞明亮的教室、食堂、运动场和清洁卫生的公共厕所，有了各种各样的培训中心、技能中心和村民学习娱乐场所，有了设施完备的标准卫生室，有了销售特色产品的集市和展馆，丧失劳动能力的孤寡老人、特困户有了“兜底”保障等。十八洞村已告别昔日的偏僻闭塞，迈进了现代文明。

5. 从封闭保守走向了开放自信

精准扶贫开展以前，十八洞村作为一个纯粹的苗寨，村民的整体素质不高，不少人家里没有电视，对外界了解非常少，不少苗族老人不懂普通话，不能与外界正常交流。精准扶贫开展后，村民们学会了同各地的开发商搞合作，通过电商平台与全国各地的人们做生意，学会了向外界推销自己的产品，有了自己叫得响的“十八洞”品牌。苗族老人们也学会了用普通话和陌生人、游客交流，性格也变得更加开朗和热情。村民们的言谈和笑容越来越自信，对未来也充满了更美好的期待。

第二章　十八洞村精准扶贫的主要做法

为贯彻落实习近平总书记“实事求是、因地制宜、分类指导、精准扶贫”的重要指示，花垣县委成立了由县委书记担任组长、县长任第一副组长、其他6名副县级领导任副组长、县直相关职能部门和双龙镇党委政府负责人为成员的县委十八洞村精准扶贫工作领导小组，并派出精准扶贫工作队和第一书记驻村，深入开展精准扶贫工作。主要做了以下五个方面的工作：

一、实事求是，精准识别扶贫对象

为甄别真正需要帮助的贫困户，花垣县委驻十八洞村工作队立足实际，深入调查摸底，扎实开展全村贫困户的识别工作，为全面实施十八洞村精准扶贫打下坚实基础。

1. 深入调查摸底

以两项制度为基础，按组召开群众大会，进行深入细致的宣传和动员，对225户农户逐户进行调查摸底，全面掌握每户村民家庭成员基本情况、联系方式、收入来源及发展产业意向等并建档造册，对外出务工村民进行电话调查，确保不漏户、不漏人。

2. 制定识别标准

制定了《十八洞村精准扶贫贫困户识别工作办法》和“十八洞村贫困

农户识别 9 个不评”的标准，即有楼房或商品房的家庭不评、2000 年以来违反计划生育政策的家庭不评、嗜赌成性及屡教不改的家庭不评、不务正业及懒惰成性的家庭不评、不履行赡养义务的家庭不评、时常刁蛮阻挠公益事业和当地经济发展的家庭不评、全家外出务工通知不回的家庭不评、国家公职人员家庭不评、拥有大中型农业机械和各类车辆及加工厂的家庭不评。

3. 严格民主监督

为防止优亲厚友等现象出现，采用“七步工作法”严格识别工作程序，全程接受民主监督，即：第一步，户主申请或者群众推荐；第二步，以村民小组为单位召开群众大会投票识别并当场公布结果；第三步，由村民代表、村“两委”成员、镇（双龙镇）党委政府代表及县扶贫工作队三级会审；第四步，公告公示，将结果在村里张榜公布不少于 7 天；第五步，乡级审核；第六步，县级审核；第七步，对识别出的贫困对象进行建档立卡，逐户制订脱贫措施，采取直接帮扶、委托帮扶、股份合作等多种形式，集中力量予以扶持。最后，成功识别贫困户 136 户 533 人，占全村总人口的 57.7%。

二、分类规划，精准制定扶贫方案

精准扶贫的核心内容是“六个精准”解决“四个问题”。十八洞村在深刻理解上述精准扶贫核心内容的基础上，以规划为引领，通过制定全村整体发展规划、扶贫脱贫项目规划和农户个体脱贫规划等系列规划，系统回答“扶持谁”“谁来扶”“怎么扶”“如何退”四个问题，实施精准发力。

1. 全村整体发展规划

习近平总书记考察十八洞村后，工作组做的第一件事情是制定全村整体发展规划。工作队深入调查研究、组织村组干部、村民代表外出考察学习，充分征求国家住建部专家团队、县委十八洞村精准扶贫工作领导小组和县直相关职能部门负责人的意见，严格遵循习近平总书记提出的精准扶贫“可复制、可推广”6字原则，结合十八洞村实际，实事求是、因地制宜地制定了《十八洞村精准扶贫精准脱贫规划》，确立了“人与自然和谐相处，建设与原生态协调统一，建筑与民族特色完善结合”的建设总原则，按照“投入少、见效快、原生态”的总基调，以“把农村建设得更像农村”为理念，打造“中国最美农村”，以“天更蓝、山更绿、水更清、村更古、心更齐、情更浓”为目标，把“鸟儿回来了、鱼儿回来了、虫儿回来了、打工的人儿回来了、外面的人儿来了”确立为努力方向。

2. 扶贫脱贫项目规划

在全村整体发展规划的统领下，十八洞村结合“五个一批”制定了一系列相互支撑的扶贫脱贫项目规划。如为了推进乡村旅游发展，成都杨振之来也旅游发展有限公司义务为村里制定了《十八洞村旅游扶贫试点规划》，规划了“11·3”工程项目、矿泉水厂项目、小水电项目、教育培训基地项目、大型苗族文化晚会项目、旅游线路和服务设施建设项目、乡村客栈项目、景区管理和服务人员培训项目、苗族边边场项目、徒步越野赛线路建设项目等配套项目。此外，针对猕猴桃种植项目、苗绣加工项目、养殖项目、劳务输出项目、电子商务扶贫项目等也制定了详细的发展规划。

3. 农户个体脱贫规划

十八洞村用实际行动践行了“因乡因族制宜、因村施策、因户施法，扶到点上、扶到根上”这一指导思想。在全村整体发展规划、扶贫脱贫项目规划的基础上，工作组通过精准识别，根据每户贫困户的致贫原因、实际困难，按照“五个一批”的要求，将贫困户落实到具体的扶贫项目中，为贫困户制定个体脱贫规划。

4. 民生难题解决规划

村内的主题邮局

一是“读书难”问题。针对竹子小学隔年招生、复式教学和排谷美小学设施简陋的问题，在不撤并原有教学点基础上，建立健全教师交流和支教机制，实行村小分级分班教学，加大投入，维修改造学校基本教学设施和学校食堂、厕所和运动场地等附属设施，确保满足现代教育教学需要。二是“看病难”问题。为解决群众患病不能得到及时有效治疗的突出问题，对村卫生室进行就地改造，并按要求添置药品器械，建成标准村卫生室 2 个，方便群众就近看病。三是“保障难”问题。做好弱势群体、孤寡老人、贫困户等救济救助工作，为他们提供基本生产生活保障，在原有的 28 户 102 人基础上，新确定农村低保对象 11 户 42 人，共 39 户 144 人，占全村总人口 939 人的 15.3%，做到应保尽保，精准“兜底”。

5. 实施驻村规划师制度

为了进一步巩固规划引领的实施成效，并实现脱贫攻坚与乡村振兴的有效衔接，十八洞村与湖南大学设计研究院于 2018 年 9 月 28 日正式签约，十八洞村成为湖南省首个实行驻村规划师制度的乡村。由湖南大学设计研究院牵头负责的《花垣县十八洞村村庄规划（2018—2035）》已经通过花垣县规划委员会审批。在规划的制定和实施过程中，由于乡村规划是一项技术性和综合性很强的工作，既要充分考虑村民、帮扶干部、政府、社会组织等多元主体的意见，又要由专业人员进行综合和实现，同时规划的实施还需要全体村民和外部主体的共同参与，这便需要将规划转变为行动指南。而在这一转变过程中，驻村规划师承担起了“美好蓝图的讲解员”“村民诉求的传递员”“项目实施的监督员”“技术资源的输送员”“村庄发展的研究员”和“乡村规划的宣传员”等六重角色。在驻村规划师的指导下，十八洞村有效地将分类规划与整体规划、精准扶贫阶段的规划与乡村振兴的阶段的规划有机衔接起来，为十八洞村的乡村振兴打下了良好的基础。

总之，通过村级、项目、个体和民生难题四个层面无缝对接的规划，以及率先实施驻村规划师制度，十八洞村厘清了精准扶贫精准脱贫的思路，系统回答了“扶持谁”“谁来扶”“怎么扶”“如何退”四个问题，为精准发力提供了指南，同时，也为脱贫攻坚与乡村振兴的有效衔接奠定了坚实的基础。

三、因地制宜，精准发展扶贫产业

产业扶贫是精准扶贫的关键，产业问题解决了，后续的问题就有了解决的基础和前提条件。遵照习近平总书记“把种什么、养什么、从哪里增收想明白”的指示，十八洞村立足丰富的生态资源、农业资源和文化资源优势，实施资源变资产、资金变股金、农民变股东“三变”改革，因地制宜地发展了种植、养殖、苗绣、劳务、乡村游、山泉水 6 大当家产业支撑脱贫。

1. 发展以猕猴桃、烤烟、野生蔬菜、冬桃、油茶为主的种植业

根据山区特点积极发展特色种植业，形成了烤烟 318 亩、西瓜 183 亩、野生蔬菜 41 亩、油茶 30 亩、冬桃 4060 株的规模。依托互联网平台出让

桃树采摘权，225户农户从中获益170万元。探索“飞地经济”新模式，组建苗汉子果业公司，以中科院武汉植物园为技术支撑，采取土地流转和“合作社+农户”入股形式，流转土地1000亩建设精品猕猴桃出口示范基地，实行线上线下销售，产品直通港澳，2017年贫困户人均分红1000元，2018人均分红1200元，2019年人均分红1600元。精品猕猴桃种植是十八洞村种植产业中的核心主导产业，也是十八洞村种植产业发展模式的重要创新。在游客的启发下，十八洞村村民看到了发展猕猴桃产业的商机，但却因“无地可种”“无钱发展”犯了难。为了克服这两大困难，村“两委”组织大家集思广益，最终从60里外的道二乡境内湘西国家农业科技园区流转1000亩土地，从华融湘江银行贷款1000万元，并想出了“政府发的扶贫款不直接发给贫困户，而是自愿集中起来参股，贫困户每年分红获得收益”的好办法，通过村里与花垣县苗汉子公司进行股份制合作，打造猕猴桃产业化基地。其中，花垣县苗汉子公司出资306万元占股51%，十八洞村民和村集体出资294万元占股49%。十八洞猕猴桃凭借湘西的自然地理优势、国家级湿地公园的生态优势、中国科学院猕猴桃领域顶级专家团队支撑的技术优势、采用国际先进的采后处理技术优势、国家出入境检验检疫局检测认定并通过国家有机食品认证的品质优势，铸就了“天生好果”的十八洞猕猴桃品牌。2019年4月上旬，猕猴桃果园刚刚开始结小花苞，村支部就已经接到了很多预定猕猴桃的电话。当前，十八洞村猕猴桃产业的目标是打开国际市场，进一步提升竞争力。

2. 发展以湘西黄牛、生猪、山羊、蜜蜂、稻田养鱼为主的养殖业

采取散户和大户相结合的模式，以湖南德农牧业公司为龙头，支持重点养牛户2户，打通放牧区道路，投放能繁母牛30头，落实牧草种植面积87亩，散放养区面积100余亩。支持山羊养殖户2户，生猪养殖1大户带10小户共同发展。扶持10余户村民养蜜蜂，其中村民龙先兰养

殖300余箱，2018年纯收入20多万元。随着十八洞村乡村旅游产业的发展，养殖业也进行了调整优化，生猪等对乡村旅游发展有一定负面影响的养殖产业逐渐退出本村，转移到周边邻近村，而蜜蜂养殖等特色产业则进一步扩大发展规模。十八洞村的养蜂产业是践行习近平总书记“绿水青山就是金山银山”这一重要论述和“因地制宜发展产业”的又一鲜活案例。十八洞村以山地为主，有莲台山和高名山两座山地林场，全村森林覆盖率78%，同时，在全村整体发展规划中，这两大片区均被规划为生态休闲区和农旅产业区。这一自然条件和村庄发展规划为养蜂产业的发展提供了很大的发展空间，也提高了山地、林地资源的利用效率，是典型的生态产业、绿色产业。与此同时，高品质的生态资源又保障了蜂蜜的品质，增强了十八洞村蜂蜜产业的附加值。目前，随着“十八洞”品牌影响力的不断提升，十八洞村养蜂产业的发展前景光明。

3. 开发以苗绣织锦为主的民族工艺品制造业

在苗乡，刺绣是女人们当家的基本功。一家老少的衣服，都是通过绣娘们一针针绣出来的。随着时代的发展，现代织物逐步代替了传统苗绣，美丽的苗绣成了挂在墙上的装饰品。十八洞村根据留守妇女多的实际，组织26名留守妇女组建了十八洞苗绣专业合作社，组织培训92名留守妇女发展苗绣产业，并与吉首金毕果民族服饰公司签订订单协议，实施订单生产，2017年苗绣实现产值26万元。实现了在家就能就业，在家就能增收致富。2017年11月，湖南工业大学组织包装设计艺术学院师生来到十八洞村进行了长达10天的“苗绣”调研，并成立“绣色十八洞”苗绣创新团队。2018年上半年，湖南工业大学创新创业学院院长温辉与十八洞村苗绣合作社理事长石顺莲共同签署了《“绣色十八洞”设计与创新基地建设合作协议》。学校对绣娘进行培训，把绣娘的苗绣进行创新设计，开发“非遗苗绣”，点亮“绣色十八洞”，助力村民致富。功夫不负有心人，十八洞村的苗绣迎来了很多合作伙伴，如中车株机、山谷居民、七绣坊、金田文化等知名企业都对十八洞苗绣很是青睐。这些企业通过与合作社绣娘们的合作，把十八洞村的苗绣，加工成时尚的箱包、服饰、挂件，卖到了北上广、售到了港澳台，一些高档产品甚至卖到万元以上。2018 年 9 月，中车株机、十八洞村、湖南工业大学签订三方合作框架协议。中车株机在十八洞村援建苗绣车间，并签订 5 年苗绣采购计划，每年采购不少于 30 万元的十八洞村苗绣产品。绣品巧妙地将高铁这张中国名片与苗绣非物质文化遗产结合起来，让苗绣坐上高铁走向了世界各地。

4. 发展以农家乐、红色游为主的旅游产业

依托得天独厚的自然景观优势和习近平总书记到村视察的影响力，将十八洞村打造为群众路线教育实践活动基地和乡村游农家乐胜地。十八洞村编制了《十八洞村旅游发展规划》，结合交通基础设施建设、农村“五改”、农村环境综合整治、申报特色民族村寨等项目，打造乡村特色与民族文化旅游，大力发展农家乐休闲旅游，引进战略投资发展红色旅游、神秘苗寨、峡谷溶洞游等乡村游产品，引导贫困户发展民族特色餐饮，使农户通过经营、租赁、入股等形式获得收益。2016 年 11 月，十八洞村被纳入全县旅游“五大景区”总体布局，借力毗邻包茂高速，209、319 国道和临近矮寨奇观 AAAA 景区等优势，依托丰富的旅游资源和浓郁的民族文化，开发本村“红色旅游”“神秘苗寨”“峡谷溶洞游”等。引进首旅集团、消费宝等战略合作伙伴，计划投资 6 亿元，打造以十八洞村为核心的蚩尤部落群旅游景区，加快旅游“一业兴”带动“百业旺”步伐。以股份流转 200 多户村民土地，2018 年 9 月成立十八洞农旅专业合作社，旅游业发展初具规模，村民实现家门口就业，其中有专业导游 12 人，13 家农家乐规范经营。2018 年接待游客 30 余万人次，实现旅游收入 300 余万元，2019 年起，每年接待游客 40 余万人。如今，十八洞村每天游人如织、

精准脱贫后十八洞村停车场之一（照片由十八洞村村委会提供）

络绎不绝，游客们来到这里不仅可以欣赏到秀美的山光水色，还可以体验浓郁的民族风情，品尝地道的农家美食。苗族的苗年、赶秋节、农历春节等传统节日独具特色，十八洞村旅游公司充分挖掘这些资源，把这些节日办大办活，如举办相亲大会、开发节日庆典，让十八洞村的旅游市场日渐火爆。十八洞村旅游产业发展速度非常快，荣获了“全国乡村旅游示范村”称号，被外界称为“十八洞速度”。十八洞村的特色也成了邻近村庄的学习范本，十八洞村的特色被概括为“以红色旅游为引领，带动绿色风光游、彩色风情游，从而实现美丽乡村游”。

5. 开发十八洞村山泉水产业。靠山吃山，靠水吃水

习近平总书记曾夸赞过十八洞村的山泉水是“真正的农夫山泉”。十八洞夯街峡谷潺潺流动的山泉水成了十八洞村人致富的新路子。2017 年 4 月底，恰逢湖南步步高集团董事长王填进村调研扶贫，驻村工作队队长石登高抓住这个难得的机会，陪同王填察看水源、品尝山泉、取样检测。很快双方便达成合作协议：由步步高集团“一条龙”全程开发销售十八洞牌矿泉水，十八洞村集体以资源和品牌入股，占股 15%，每年保底分红 50 万元，劳务用工优先安排十八洞村民，同时每销售一瓶水，提取 1 分

钱作为村扶贫基金。就这样，一个小山寨和中国500强企业联手，在山沟沟里建起了矿泉水基地。为了让这一方山水造福百姓，步步高集团日夜赶工，加紧开发，终于推出了最生态环保的好水“十八洞”。从探索水源到建厂投产，只用了161天的时间。十八洞村山泉水厂项目由步步高集团总投资3000万元开发，分两期建设，一期占地2600平方米，以生产瓶装水为主；二期占地4000平方米，生产家庭日常所需的大桶饮用水。中车株机公司签下连续5年每年3万件的山泉水采购合同，并携手十八洞山泉水打造“十八洞蓝书包”基金，每卖出一瓶山泉水将自动捐赠出5分钱，所筹资金全部用于十八洞村贫困学子的贫困助学，如购买学习用品、奖学金设立等。山泉水既带领了群众脱贫，也发展壮大了村级集体经济。如今，山泉水成了十八洞村的一项长久性产业，拉动了村里的就业，2017年以来，已有10多个村民在水厂上班，在享受村集体分红之余又有了一份稳定的收入，2018年便实现村集体收益53万元。

6. 发展劳务输出经济

对于发展中的十八洞村来说，发展高水平的劳务输出经济，也是人们脱贫致富的好方法。驻村工作队和村干部积极开展农村劳动力技能培训和就业服务，大力发展劳务输出，全村300余名富余劳动力外出务工，年人均劳务收入在2万元以上，直接增收600余万元。十八洞村务工者的主要劳务输出目的地是深圳和广州。工作队和村干部们针对沿海地区的务工需求，有选择性地输送务工人才。同时，按照对建档立卡贫困劳动力“培训全覆盖、推荐就业全覆盖、跟踪服务全覆盖”的要求，组织相关部门对所有贫困劳动力进行引导式、针对性培训，最大限度提高贫困劳动力就业技能。培训紧紧围绕市场需求和劳动力意愿实施精准培训，培训领域涉及家政服务、焊工、电工、餐厅服务等各个方面。此外，十八洞村还通过悬挂布标横幅、张贴书写宣传标语、发放宣传单、招聘信息资料，充分利用各种宣传渠道宣传外出务工的好处及已取得的成效，激发农民外出务工就业的热情。劳务培训进一步促进了贫困户、妇女、青年等劳动力素质的提高，凝聚了乡村发展合力，增强了群众致富信心。目前，全村仍有1/3的人员选择外出务工，务工经济仍是十八洞村重要的收入来源。

四、创新机制，精准凝聚社会合力

在2015年减贫与发展高层论坛的主旨演讲中，习近平总书记强调“我们广泛动员全社会力量，支持和鼓励全社会采取灵活多样的形式参与扶贫”。十八洞村在整合社会扶贫力量、统筹扶贫资源、形成扶贫合力方面采取了以下措施。

1. 协同扶贫机构

习近平总书记考察十八洞村后，中央、地方各级扶贫机构及相关部门高度重视十八洞村的减贫与发展。各级各部门领导多次考察、调研十八洞村的扶贫工作，解决实际困难。“上面千条线，下面一根针”，为了协同各级各相关部门的扶贫举措，十八洞村充分发挥了工作队、村“两委”、民兵突击队的基层组织作用，以规划为蓝本、以项目为载体，主动协调各级各部门的扶贫政策、扶贫资源，使各部门的扶贫工作在十八洞村有序开展，释放协同效应。

2. 统筹扶贫资金

多方整合扶贫资金，积极整合行业、部门、社会扶贫资金，确保扶贫资金使用由“撒胡椒面”向“握指成拳”转变。首先，为了避免资金堆积现象，十八洞村的建设资金坚持由相关职能部门积极向上“争资上项”的原则加以解决，村“两委”积极协调爱心企业捐资建设，同时采取招商引资的方式引进投资商来村投资开发建设。其次，积极与县农村商业银行对接、合作，试点金融扶贫模式，认真调查摸底贫困农户发展致富产业意愿，发放小额信贷，由扶贫开发办贴息，简化农户小额贷款程序，积极探索“农户联保”“多户联保”“公司 + 农户”“专业合作组织 + 农户”等多种担保形式，降低信贷准入条件，扭转小额信贷“贷富不贷贫”倾向，解决贫困农户发展产业资金瓶颈问题。最后，坚持“民有、民用、民管、民享，周转使用，滚动发展”和“不出村、不吸储”的基本原则，通过财政扶贫资金、农户入社资金、无偿社会帮扶资金或捐赠资金、占用费转入本金“四位一体”的聚资方法，发展壮大村级“互助金”规模。

3. 整合社会力量

十八洞村积极整合社会力量，实现跨越式发展。在州政协和移动、联通、电信公司的大力支持下，村里实现网络全覆盖，建立了村级电商服务站、村级金融服务站、村级邮政便民服务站。同时，依托湖南盘古电子商务有限公司的技术，在村里建设了电子商务平台，解决农副产品对外营销难题。借助中国邮政的“邮三湘”网络平台，向游客出让村内4060 株桃树的采摘权，与五新公司等四家公司签订苗绣订单协议，为苗绣合作社提供稳定销路。引入首旅集团华龙公司、北京消费宝公司，斥资 6 亿打造以十八洞村为核心的旅游景区，实现乡村旅游“升级”。

五、夯实党建，精准发掘内生动力

针对“谁来扶”的问题，习近平总书记提出要“切实落实领导责任”“切实加强基层组织”“增强内生动力”。在十八洞村的实践中，花垣县委、县政府牢牢抓住“党建”这一牛鼻子，以驻村帮扶工作队、村“两委”和青年突击队建设为载体，以转变观念、提升群众思想道德水平为方向，通过夯实党建，精准发掘内生动力。

1. 建立强有力的组织保障体系

成立了由县委书记任组长的十八洞村精准扶贫工作领导小组，并派出县委驻十八洞村扶贫工作队，与村民同吃、同住、同劳动，实现驻村帮扶长期化、制度化。选好配强乡镇领导班子和村“两委”班子，选出了大学生村官为村支书、致富带头人为村主任的新一届村“两委”班子，增强村级班子领导经济社会发展、带领群众脱贫致富的能力。

2. 精选驻村帮扶工作队

2014 年 1 月，花垣县委及时组建成立十八洞精准扶贫工作队，从全县 5 个单位中抽调 5 名“精兵强将”组成，长年住村开展工作。考虑到十八洞属纯苗村，为便于与群众沟通交流，选调的人员要求，具有农村工作经验且会讲苗语。从县直相关职能部门抽调精干力量为队员，秉承“把十八洞村扶贫工作当作事业来做”的口号，不分白天黑夜、不分节假日，月住村 25 天以上，进村挨家串户访贫问苦，与村民同吃、同住、同工作，真正发挥了“火车头”的作用。

3. 加强村“两委”建设

2014 年初，十八洞村党支部成员平均年龄 50 岁，全村 24 名党员的平均年龄 55 岁以上，散漫、薄弱是当时党支部的真实写照。为扭转这一局势，工作队一进村就把抓好村“两委”换届当作头等大事来抓，把讲政治、有文化、能力强、群众信任的年轻、脱贫致富能手推向干事创业的前台。2014 年 1 月，村支部换届，从迪拜打工回来的龙书伍、“有钱没钱大干三年”的施进兰、大学生村官龚海华等进入了支部班子，干部结构得到优化，班子面貌焕然一新，成为十八洞村脱贫攻坚的坚强堡垒。新配备建制专干为村主干，并根据村精准扶贫建设任务的实际创新增配 9 名村主干助理，解决工作量大、人手不足的问题，同时发动党员干部带头，积极参与精准扶贫各项建设，为脱贫攻坚奠定扎实基础，筑牢了基层党组织的坚强战斗堡垒。从2018年开始，村支部又以崭新的姿态、全新的作风、创新的精神，大力推进支部设置标准化、组织生活正常化、管理服务精细化、工作制度体系化、阵地建设规范化的“五化”建设，进一步提升支部建设的标准化规范化水平，进一步强化党支部的组织力、脱贫攻坚的“堡垒”和村民心目中的“主心骨”作用。

4. 组建青年突击队

考虑到村里贫困户劳动力不足，“五改”（民居改造、改厨、改厕、改浴、改圈）工作难以推行，工作队和村“两委”认真摸底、谈心，把村里20多名在家的年轻人组织起来，组建“十八洞村青年突击队”，并举行了隆重的授旗仪式。

5. 探索思想道德星级管理模式

针对群众法律意识淡薄的实际，以组为单位，每半年组织召开一次全体村民大会，由与会人员对全组16周岁以上的村民，从支持公益事业、

精准脱贫后十八洞村的房屋及道路（照片由十八洞村委会提供）

遵纪守法、社会公德、职业道德、家庭美德、个人品德六个方面进行公开投票，当场宣布评选结果。农户和个人得分在 90 分以上评为五星级、得分在 80—89 分评为四星级、得分在 70—79 分评为三星级、得分在 60—69 分评为二星级，将评选结果定期在全村大会上公示，激励先进，并实行挂牌管理，结合农村道德讲堂等系列活动有效转变了村民“等靠要”的思想。

6. 创建“互助五兴”新机制

党员帮群众、大户帮弱户，亲帮亲、邻帮邻探索带来的成效，让支部一班人进一步认识到，只有建立一套务实管用的治理模式，让群众都加入脱贫攻坚、乡村振兴的自觉行动中来，才能彻底改变过去那种“支部干，群众看”的尴尬局面。2018 年，经过几年的实践，一个“互助五兴”基层治理模式正式诞生于十八洞村。十八洞村实现了从能人治村到制度治村，走出了一条党建引领基层治理、促脱贫攻坚乡村振兴的新路子。互助五兴，主要是根据地缘相近、产业相近、志趣相投、优势互补的原则，以党员、能人为骨干，组建 5 人左右的互助小组，围绕学习、生产、乡风、邻里、绿色五个方面，开展互帮互助，共同提高思想素质，发展壮大当家产业，纯化乡风民风，和谐村民关系，建设美丽村庄，最终实现共同脱贫发展、共创幸福生活。同时，采取承诺践诺、量化积分、双向互评等方式，对互助小组进行评议考核，激励先进，鞭策后进。2018 年底，全村的 225 户共组建互助五兴小组 41 个，承诺互助事项 267 项，实现家家户户全覆盖。2018 年 10 月 28 日，湖南省学习习近平总书记关于精准扶贫工作重要论述的现场会在十八洞村召开，时任湖南省委书记杜家毫对十八洞村探索的“互助五兴”给予高度评价，认为“符合管理学原理，适应农村党建工作实际”。2019 年新年过后一上班，时任湖南省委常委、组织部部长王少峰采取“四不两直”方式夜宿十八洞村，在亲身走访“互助五兴”小组后，认为“互助五兴”和乡村振兴完全对应，是好经验，要求在全省推广。

7. 多途径推进群众观念转变

一是宣传精准扶贫政策，组织召开群众代表大会，把党的惠民政策讲深讲透，并提出了“投入有限、民力无穷、自力更生、建设家园”的十八洞精神，鼓励群众充分依靠自身力量脱贫致富。二是高度统一群众思想。推行村民思想道德星级化管理模式，实现“依法治村和以德治村双结合”，并组织开展歌咏、跳舞、小品、苗鼓等丰富多彩的文化活动，统一群众思想，改写过去“村合心不合”的历史。

农村要发展，农民要致富，关键靠党支部。农村基层党组织是党在农村全部工作和战斗力的基础，是贯彻落实党的扶贫开发工作部署的战斗堡垒。“送钱送物，不如建个好支部”“群众富不富，关键看支部”。十八洞村精准扶贫、精准脱贫的历史，就是支部不断引领、队伍不断提升、治理不断改进的历史。在纪念建党95周年大会上，十八洞村党支部从人民大会堂捧回了金灿灿的“全国先进基层党组织”牌匾，这是一份沉甸甸的收获，更是一份沉甸甸的责任。

第三章　十八洞村精准扶贫实践的经验与启示

首倡之地，有着首倡之为。十八洞村的巨变为精准扶贫精准脱贫提供了一个鲜活的样本，十八洞村的实践是深刻理解习近平总书记精准扶贫思想内涵、切实践行精准扶贫方略的具体行动。严格按照习近平总书记探索“可复制、可推广”经验的要求，十八洞村积累了不少可复制、可推广的经验。同时，也为继续推进精准扶贫精准脱贫实践、构建扶贫脱贫的“中国模式”带来以下启示。

一、全面把握精准扶贫内涵，协同推进精准扶贫方略

“精准扶贫”是习近平总书记在新的时代背景、历史条件和我国减贫发展新阶段提出来的扶贫攻坚指导思想、基本方略。党的十八大以来，习近平总书记始终把扶贫开发作为国内调研和工作的重点，亲自研究、亲自部署、亲自推进、亲自督战，在多个重要场合、重要时点，就扶贫开发提出一系列新思想、新观点，作出一系列新决策、新部署，逐渐形成了精准扶贫的思想体系。其中，在十八洞村提出的“实事求是、因地制宜、分类指导、精准扶贫”十六字方针标志着精准扶贫思想正式提出。习近平总书记精准扶贫思想的核心内涵可用“四个问题”“五个一批”“六个精准”和“四个切实”加以概括，即精准扶贫就是要解决“扶持谁、谁来扶、怎么扶、如何退”等“四个问题”，实现路径是“发展生产脱

贫一批、易地搬迁脱贫一批、生态补偿脱贫一批、发展教育脱贫一批、社会保障兜底一批”等“五个一批”，基本要求是“扶持对象精准、项目安排精准、资金使用精准、措施到户精准、因村派人精准、脱贫成效精准”等“六个精准”，根本保障是“切实落实领导责任、切实做到精准扶贫、切实强化社会合力、切实加强基础组织”等“四个切实”。十八洞村作为不折不扣地全面落实习近平总书记“精准扶贫”重要论述的“样板村”，其实践表明，精准扶贫精准脱贫的关键在于全面把握精准扶贫思想内涵，把“四个问题”“五个一批”“六个精准”和“四个切实”看作是“精准扶贫”方略的有机构成部分，加以协同推进，不折不扣地以“四个切实”和“六个精准”为标尺，依托“五个一批”，解决“四个问题”。事实上，如果“五个一批”“六个精准”和“四个切实”中哪个环节有缺陷或出错都将可能影响“四个问题”的解决，最终影响精准扶贫精准脱贫的成效。因而，从这个意义上而言，“十八洞村模式”便是“村级精准扶贫模式”的典型代表。

二、因地施策制定减贫方案，“扬长补短”实现持久脱贫

精准扶贫方略丰富发展了中国特色扶贫开发理论与实践，为新时期扶贫开发注入了强大思想动力，提供了行动指南和基本遵循。该方略为扶贫和脱贫提供了一套制定减贫方案的科学思路和行动指南。需要强调的是，各地区在制定精准扶贫方案、实施精准扶贫方略时不能机械地照搬照套，如依托“五个一批”并不是要求每个地区、每个村都不得多于或少于“五”种途径，相反，一定要“因地制宜、实事求是”地根据本地区、本村的实际来制定“个性化”的减贫方案，发挥自身的比较优势，弥补自身的“短板”，最终实现持久脱贫。十八洞村的实践严格遵循了

习近平总书记“因地制宜、实事求是、分类指导、精准扶贫”的十六字方针，工作队在反复调研、征询多方意见的基础上制定了十八洞村的整体发展规划，确立了“人与自然和谐相处、建设与原生态协调统一、建筑与民族特色完美结合”的发展原则，基础设施完善、人居环境改造方面保持苗寨原有的景观风貌，彰显苗乡民族文化特色，依托自然风光、民族文化特色等发展乡村旅游、苗绣加工、猕猴桃种植、养蜂、山泉水加工五大支柱产业等。同时，积极整合社会扶贫力量、统筹社会扶贫资金、协同各级各类扶贫主体，借助外力弥补自身在减贫和发展中面临的设施滞后、资金短缺、人才缺乏的短板，真正做到“扬长补短”。可见，十八洞村的巨变不是偶然，也不会是个案，而是在精准扶贫方略的指导下，因地施策制定减贫方案、“扬长补短”实施减贫的必然结果。

三、创新突破脱贫时空局限，正确处理四组基本关系

十八洞村精准扶贫实践中“跳出十八洞、发展十八洞”、全域旅游规划、增强内生动力、整合社会扶贫力量、短中长期产业组合布局以及“把乡村建设得更像乡村”等方面的成功探索表明，精准扶贫精准脱贫还应通过创新突破时空局限，正确处理好以下四组关系。

1. 外部帮扶与内生发展的关系

正确处理外部帮扶与内生发展的关系虽然是一个“老生常谈”的话题，但又是扶贫实践中绕不过去的一大难题。道理似乎都明白，但做起来成效却不理想。十八洞村的做法则很有启发，内生动力挖掘方面，通过党建先行，精选驻村工作队、加强村“两委”建设、组建民兵突击队和道德星级管理探索，转变了村民观念，增强了内生动力。外部帮扶方面，通过协同各级各类扶贫主体、统筹扶贫资金、整合社会力量，把外部帮扶的效应发

挥到极致。并通过“扬长补短”的方式将两者有机结合起来，真正实现了外部帮扶和内生发展的协同推进，最终走上可持续发展的道路。

2. 短期扶贫与长期脱贫的关系

短期扶贫与长期脱贫的关系同样是一个“老话题”，也是一个“老难题”。精准扶贫方略既要求看到短期的减贫成效，要在2020年实现全面脱贫，同时，还要求不能返贫，要持久脱贫，要实现贫困地区、贫困个体的自我发展。十八洞村产业扶贫经验表明，要处理好短期扶贫和长期脱贫的关系，在产业布局上要注重短、中、长期结合，以“立竿见影”的短期产业为农民增收，增加村民的信心和资金积累，以具有竞争力和自生能力的中长期产业发展，提升村民的人力资本和发展能力，确保长期脱贫。

3.“点”脱贫与“面”发展的关系

2020年全面脱贫的要求是我国现行标准下农村贫困人口实现脱贫，贫困县全部摘帽，解决区域性整体贫困。也就是精准脱贫既是“点”的脱贫，也是“面”的发展。在实际的扶贫实践中，特别是村一级的扶贫实践中，往往容易将农户、村庄看作孤立的“点”，就贫困户、贫困村自身谈脱贫、谈发展，实际上，这种时空局限不利于真正的持久脱贫。十八洞村“跳出十八洞发展产业”、将乡村旅游规划纳入全县旅游“五大景区”总体布局的做法值得借鉴，这种跳出“点”，将“点”纳入“面”中进行发展的思路，能有效激活“点”“面”之间发展的协同效应，在“面”的发展中确保“点”的持久脱贫。

4.“传统”特色与“现代”文明的关系

贫困地区通常是传统特色保存相对完好的地区，也是“望得见山、看得见水、记得住乡愁”的生态文明与传统文明融合得较好的地区。如何在保持传统特色、保护生态环境的前提下实现现代文明是一个具有挑战性且十分重要的课题。十八洞村在精准扶贫实践中坚持“人与自然和谐相处、建设与原生态协调统一、建筑与民族特色完美结合”的原则，把“乡村建设得更像乡村”，同时，以电子商务、采摘权转让等方式实现脱贫致富的做法为处理好“传统”特色与“现代”文明的关系树立了标杆。

四、优化务实工作方法，注重“五个”有机结合

十八洞村能在六年多的时间内实现翻天覆地的巨变，这与其实事求是、因地制宜、注重工作方法密不可分。具体而言，就是优化务实工作方法，注重“五个”有机结合，这“五个”结合的经验也得到了习近平总书记的充分肯定。

1. 在扶贫对象识别上，不搞暗箱操作，注重公开、公平与群众满意相结合

按照总书记提出的“实事求是、因地制宜、分类指导、精准扶贫”的重要指示，先后制定了《十八洞村精准扶贫规划》《十八洞村精准扶贫贫困户识别工作做法》，明确“十八洞村贫困农户识别9个不评”的标准。按照“户主申请→投票识别→三级会审→公告公示→乡镇审核→县级审批→入户登记”七道程序，及时张榜公布结果，对识别工作实行全程民主评议与监督，把识别的权力交给广大群众，确保识别工作公开、公平、公正。全村共准确识别出贫困户136户533人，占总人口的56.8%，家家户户都服气。

2. 在内生动力激发上，不搞空洞说教，注重典型引路与正向激励相结合

按照习近平总书记提出的“脱贫致富贵在立志，只要有志气、有信心，就没有迈不过去的坎”等重要指示，坚持扶贫先扶志、治贫先治根，十八洞村积极探索“村民思想道德星级化管理”模式、举办道德讲堂、组织系

列文化活动，激发了贫困群众脱贫的志向和内生动力。十八洞村的实践，为湘西州及周边地区激发群众脱贫动力提供了有力借鉴。

3. 在发展扶贫产业上，不搞大包大揽，注重统筹布局与因地制宜相结合

六年来，十八洞村认真贯彻落实习近平总书记“把种什么、养什么、从哪里增收想明白”的重要指示，把产业建设作为“造血”扶贫核心举措，选定种植、养殖、苗绣、劳务、乡村游、山泉水 6 大产业，通过直接帮扶、委托帮扶、股份合作等模式，发展特色产业，按下脱贫“快捷键”。在此基础上，湘西州坚持统筹谋划脱贫产业，着力做好兴产业、增就业、置家业“三业”增收文章，充分发挥脱贫产业的“造血”作用。通过推广十八洞村的“直接帮扶、委托帮扶、合作帮扶、股份帮扶”等产业发展模式，让产业发展与贫困户的利益联结更紧密、更有效。

4. 在基础设施建设上，不搞大拆大建，注重留住乡愁与彰显美丽相结合

严格按照总书记提出的“不栽盆景，不搭风景”要求，结合十八洞村的实际，编制《花垣县十八洞村村庄规划》，按照“统一规划、保持原貌、节俭实用、协调美观”原则，积极推进水、电、路、房、通信、环境治理“六到户”工程和危房改造、改厨、改厕、改浴、改圈“五改”工程。2018 年 10 月，十八洞村获评“中国美丽休闲乡村”。十八洞村基础设施建设不搞“高大上”项目，不进行大拆大建。大力实施交通、安全饮水、电网改造、危房改造等基础设施与公共服务“微建设”工程，既改善了人居环境，又留住了乡愁。

5. 在攻坚力量统筹上，不搞孤军奋战，注重发挥基层党组织堡垒作用与党员干部先锋作用相结合

在推进十八洞村的扶贫中，从建强村“两委”入手，把讲政治、有

文化、“双带”能力强、群众信任的能人选进班子，十八洞村的“两委”班子越换越强，凝聚力、战斗力不断提升，筑牢了基层党组织战斗堡垒。2016 年十八洞村党支部被授予“全国先进基层党组织”称号。2017 年脱贫后，十八洞村又积极探索创立“学习互助兴思想，生产互助兴产业，乡风互助兴文明，邻里互助兴和谐，绿色互助兴家园”的“五兴”互助基层治理模式，村“两委”干部满意度由 68% 上升到 98%。目前，“五兴”互助基层治理模式已在湘西土家族苗族自治州进行推广。

第三篇 THREE

海雀村：党政主导推动深度贫困村决胜脱贫攻坚

——贵州省海雀村脱贫攻坚案例

海雀村是毕节试验区的“发祥地”。村庄地处乌蒙山区深处，地理位置偏远、自然条件差、生态环境脆弱、贫困人口发展能力弱，属于深度的贫困村庄。20 世纪 80 年代中期以来，特别是党的十八大以来，海雀村围绕“生态建设、开发扶贫”主题，大力实施综合性扶贫开发举措，促进生态建设与扶贫开发有机结合，全面提升基础设施、产业发展、教育、卫生、社会保障水平，实现了从“苦甲天下”到“林茂粮丰”的华丽转身，探索形成了“党政主导、社会参与、群众主体、自力更生”的重要发展经验。海雀村的脱贫与发展实践表明：党政主导脱贫攻坚为深度贫困地区的脱贫注入了行动力，能有效改善深度贫困村的发展条件；通过发挥村级基层组织带头人的引领示范作用，引导群众转变观念，激发内生动力，促进村庄内源与外部援助有机整合，凝聚强大扶贫合力。

第一章　海雀村脱贫概况

党的十八大以来，中央对扶贫工作作出创新性部署和安排，颁布《中共中央　国务院关于打赢脱贫攻坚战的决定》，确立精准扶贫精准脱贫基本方略，明确脱贫攻坚目标标准，开创扶贫开发事业新局面。2012—2017 年，我国脱贫攻坚取得决定性进展，农村累计减贫 6853 万人，减贫幅度接近 70%，年均减贫 1370 万人，贫困发生率从 2012 年末的 10.2% 下降到 2017 年末的 3.1%，其中有 17 个省份贫困发生率已下降到 3% 以下。[①]党的十九大明确把精准脱贫作为决胜全面小康社会必须打好的三大攻坚战之一，要求扶贫工作聚焦深度贫困地区和特殊贫困群体，不断激发贫困人口内生动力，将到2020年现行标准下农村贫困人口全部脱贫作为底线目标。2018年6月，国务院发布的《中共中央 国务院关于打赢脱贫攻坚三年行动的指导意见》强调，要集中力量支持深度贫困地区脱贫攻坚，着力改善深度贫困地区发展条件，着力解决深度贫困地区群众特殊困难，着力加大深度贫困地区政策倾斜力度。在深度贫困地区的划分上，《关于支持深度贫困地区脱贫攻坚的实施意见》中规定，深度贫困地区包括贫困发生率超过18%的贫困县，以及贫困发生率超过20%的贫困村。

深度贫困地区成为当前和今后一段时期我国脱贫攻坚的重中之重，引起了学术界的广泛关注与深入探讨。李俊杰等认为，民族地区深度贫困的原因在于基础设施薄弱、自然资本脆弱、文化观念封闭、市场化水平低层次和政策规划制约，破解深度贫困需加强帮扶投入，整合力量合力扶贫，不断提高扶贫精准性和贫困人口内生动力。[②]牛胜强认为，深度贫困地区多维贫困包括资源短缺、环境恶劣和公共服务短缺，多维贫困致使扶贫难以实现持续的减贫和经济效益，应采取超常规的理念、方法和举措，促进深度贫困地区公共服务发展、生态环境持续改善，贫困人口自我发展能力不断提高。[③]左停等认为，深度贫困的特点既有贫困人口内在局限性的困，也有外在的自然、经济、社会制度的困，贫困人口陷

① 国家统计局：《扶贫开发成就举世瞩目 脱贫攻坚取得决定性进展——改革开放40年经济社会成就系列报告之五》，国家统计局门户网站，http://www.stats.gov.cn/ztjc/ztfx/ggkf40n/201809/t20180903_1620407.html,2018-09-03。

② 李俊杰、耿新：《民族地区深度贫困现状及治理路径研究——以"三区三州"为例》，《民族研究》2018年第1期。

③ 牛胜强：《多维贫困视角下深度贫困地区脱贫攻坚困境及战略路径选择》，《理论月刊》2017年12期。

入可行能力贫困之中，对常规开发扶贫要求越来越高，深度贫困人口的适应性挑战增大。通过软性干预的基本公共服务建设，能帮助贫困人口打破内、外困境，拓展贫困人口的可行能力，提升贫困人口的福祉水平。[①]李小云认为深度贫困是由外部因素与内部动力不足共同所致，深度贫困地区脱贫攻坚要注重扶贫与生态保护结合，不断提升深度贫困地区公共社会服务质量，帮助贫困人口建立把握现代市场机会的能力，积极引导公益组织为深度贫困人口提供组织和技术资源。[②]由此可见，深度贫困地区（贫困村）贫困既是由作为外在因素的自然条件恶劣、基础设施薄弱、公共服务发展滞后等造成，也有贫困人口参与市场的意识差、能力不足等内在原因。深度贫困地区扶贫既需要政府不断加大政策倾斜力度和资金投入力度，也需要强化到村到户到人的精准帮扶，增加贫困人口进入市场机会，提升贫困人口的市场竞争能力。

一、海雀村的贫困及脱贫挑战

“海雀”是彝语的汉语音转。在彝语中海雀为“侯确”，意为“水源地”。由于海雀一直以来都是苗族人居住，在民间称海雀为“髦雀”，“髦”是苗族自称“HMAOB”的汉语音译。苗族把海雀说成是“髦雀”，汉语意思就是“苗族的海雀”。海雀村地处云贵交界，位于赫章县河镇乡东北部。村庄距乡政府所在地 12 千米，距县城所在地 88 千米，平均海拔 2300 米。全村总面积 11.87 平方千米，耕地面积 1780 亩，林地面积 13400 亩，全部为旱地，没有水田，农业作物主要为玉米、土豆和荞麦。海雀村下辖 5 个

① 左停、徐加玉、李卓：《摆脱贫困之“困”：深度贫困地区基本公共服务减贫路径》，《南京农业大学学报（社会科学版）》2018 年第 2 期。

② 李小云：《冲破“贫困陷阱”：深度贫困地区的脱贫攻坚》，《人民论坛 · 学术前沿》2018 年第 14 期。

村民组，全村 222 户 871 人全是少数民族，其中苗族占 95%，彝族占 5%。海雀村属贵州省一类贫困村，2016 年脱贫退出。20 世纪 80 年代，海雀村山高坡陡，土地破碎，生态恶劣，自然灾害频繁，25 度以上陡坡耕地占 90%，森林覆盖率不足 5%。1985 年人均纯收入 33 元，人均占有粮食 107 公斤。2012 年底，海雀村仍有贫困人口 91 户 360 人，贫困发生率高达 44.3%。到 2014 年贫困人口降至 54 户 214 人，贫困发生率降到 25.8%。其中因学致贫 2 户 7 人、缺劳力致贫 7 户 14 人、缺技术致贫 20 户 84 人、缺资金致贫 25 户 109 人。

党的十八大以来，海雀村着力实施精准扶贫精准脱贫方略。在中央政府各级各部门以及社会组织的帮扶下，村庄大力推进基础设施、生态环境、民生事业、精神文明等建设，强化特色优势产业发展，取得显著减贫成效。全村农民人均可支配收入从 2012 年的 2680 元增加到 2018 年末的 10611 元，增加了 7931 元；贫困人口从 91 户 360 人减少至 3 户 6 人（兜底户），贫困发生率从 2012 年的 44.3% 下降到 2018 年的 0.6%。

二、海雀村脱贫攻坚的突出困难和挑战

（一）生态环境对脱贫攻坚制约明显

海雀村位于乌蒙山区深处，地处贵州与云南交界地带，村庄海拔 2300 米。村民的森林保护意识不强，村庄原本郁郁葱葱的森林遭到乱伐滥砍。20 世纪 80 年代，海雀村的森林覆盖率不足 5%。海雀村生态环境急剧恶化。海雀村 25 度以上陡坡耕地占 90%，失去了森林的保护，泥石流等自然灾害频发。20 世纪 80 年代以来，尽管村民在时任村支部书记文朝荣同志的带领下依靠村民力量植树造林，将全村 30 多个荒山头全部穿上了绿装，加上国家退耕还林政策的激励，村庄森林覆盖率大幅提升

到2018年的70.4%，但当地生态环境仍比较脆弱。传统的村庄经济发展路径与村域所处的自然地理环境条件息息相关。“靠山吃山，靠水吃水”是村民向村域自然社会环境摄取生存资本的主要方式之一。从地理条件和自然禀赋上看，海雀村境内重峦叠嶂，平均海拔2300米，全年无霜期180天，年平均降雨量750毫米，年平均温度10摄氏度，气候条件差，日照不够，土地零星破碎，贫瘠瘦薄，90%的耕地为25度以上坡耕地。村境坐北向南，山势东西走向，村落处于坡度相对较缓的斜坡上，而村境与四周村寨相连的地方却河谷错落。村内西北部及东部为生态林区，中部、南部和西部为基本农田区，西北部为荒山荒坡区和储煤区。此处属典型的高海拔冷凉气候山区，对农经作物种植和生长选择性较强。恶劣的自然环境造成海雀村农业产业结构单一，传统作物主要是玉米、马铃薯、荞麦，传统养殖主要是养猪、养牛、养鸡。而且，农产品商品化程度低，全村以传统种养为主的农业生产，仍是为了维持自身生活。地理自然条件的制约，气候条件的束缚，村庄的自然生态环境状况阻碍了村域的经济发展。

20世纪80年代海雀村水土流失（图片来源：赫章县河镇乡人民政府）

（二）自然条件对农业产业选择制约明显

海雀村地处高寒山区，农业产业选择极其有限，截至精准扶贫之前，种植荞麦、土豆、玉米等粮食作物成为村民的唯一农业生计。加上山高坡陡，土地贫瘠、破碎，农产品难以满足家庭生存消费需求。特别是在20世纪80年代，家家户户缺粮断炊。即使是当前，村民家庭消费的大米等粮食也主要依靠购买。在实施扶贫开发后，村民尝试种植中药材等经济作物，因气候原因和土壤因素，也没有获得成功。海雀村属于喀斯特山区，土层瘦、薄，蓄水率低，生态系统植被薄弱、稳定性差，生态环境一旦遭到破坏，恢复难度大、速度慢，所以在农业发展上存在先天的不足，农业生产条件极差。在耕地资源上，喀斯特地区虽然山地面积广泛，但是耕地资源非常稀少，山地地区海拔落差大，稀少的耕地资源容易被自然环境分割，土地集约化受到限制，农业化生产难于持续。农业发展自然条件很重要的一方面是水资源，海雀村年降水量大概在750毫米左右，按照这一标准，水资源并不算匮乏，但是在喀斯特山区，降水受地表原因快速渗入地下，难以开发利用。在喀斯特山区，地表水易受地形的影响流向低洼地道，因而可用于灌溉的水并不多。受此影响，农业生产时常受到水资源短缺的威胁。另外，大量集中降雨也容易使土壤流失和山体滑坡，造成生态灾难。土壤质量条件对农业发展也至关重要。喀斯特地区土壤质量差，耕地生产力低是地理环境造成的实际情况，海雀村25度以上陡坡耕地占90%，坡地农业生产条件极差，加之农民的生产知识技术有限，耕地质量在年复一年的复垦中持续下降。喀斯特地貌伴随的另外一个重要问题就是水土流失和石漠化，对此问题，学界的共识主要是与植被覆盖率有关，那么保持水土、保护林业成了关键，农业生产发展要保持增收必然不能走扩大耕地面积或者开荒的老路。农业生产的选择依旧限制在原先的生产方向上，农户现在主要的农作物产品仍然局限在原来所种植的农产品上，主要面对家庭消耗，流向市场较少，农业商品化程度低。

（三）基础设施和公共服务设施瓶颈制约明显

海雀村距乡政府所在地 12 千米，距县城所在地 88 千米。海雀村虽然在河镇乡中部，但村寨在一个坡度 50 度以上的斜坡上，与相邻村寨的距离最近的也在 5 千米左右，没有区位优势可言。在地理位置上远离经济发展较好的区域和地区政治中心，在发展上很容易受到排斥而遭遇边缘化，各项优惠政策难以优先享受，在基础设施和公共服务设施的建设上发展滞后。首先在住房上，海雀村素有赫章县的“西伯利亚”之称。全村平均海拔 2300 米，不利于植物生长，用于建设的木料奇缺。全村都是风化石，没有可供建筑的石料，所有建筑用的石头、沙子等都要到 5 千米左右的老街村或四方村运输，耗费的成本高，所以在海雀村茅草房、土墙房、瓦房随处可见。而瓦房中，全部是土墙瓦房，没有一栋是水泥砖瓦房或木瓦房及石瓦房。在道路建设方面，“要想富，先修路”是社会各界的普遍认识。海雀村于 1981 年 12 月通了公路，但是道路情况非常恶劣，在完成硬化之前，海雀村至河镇乡政府路段晴通雨阻，严重阻碍了海雀村经济的发展步伐，公路维修改造问题亟待解决，在村庄内通组路、串户路等方面仍需完善。在医疗卫生方面，海雀村老百姓就医难和看病难的问题十分突出，村卫生室医疗设备奇缺，条件简陋，医务人员业务素质有待提高。进入 21 世纪以来，在扶贫工作取得显著成效的情况下，海雀村村民人畜同居现象仍然存在，房屋里卫生条件很差，人畜同居严重危害了群众身心健康。农户牲畜随意放养，全村卫生极差。在教育上，2002 年全村有教学点 1 个，有教师 5 名，开设 1—5 年级 5 个班，全村适龄儿童入学率为 84%，辍学率为 2%。全村小学文化（含小学三年级以上在校生）294 人，其中男生

215 人，女生 79 人。初中文化 15 人，其中男生 14 人，女生 1 人。高中以上文化 2 人（男）。教学基础设施薄弱，师资力量亟待加强。为适应海雀村的发展需要，按照 1—6 年级的办校规模对教学点进行整改，扩建成一所完善的小学，成为海雀村群众共同的期盼和愿望。

（四）农民人力资本水平低

人力资本基于名词的解释是指劳动者受到教育、培训、实践经验、迁移、保健等方面的投资而获得的知识和技能的积累，亦称“非物力资本”。由于这种知识与技能可以为其所有者带来工资等收益，因而形成了一种特定的资本——人力资本。海雀村是一个边远的少数民族村寨，少数民族地区普遍存在的一个问题就是教育资源的匮乏，农民多为文盲或者半文盲，居民与外界接触少造成了现在还有很多人特别是老年人不会说汉语或者听不懂汉语。经济意识还没有深入到农民的意念中，守旧观念严重。文化水平低严重制约了劳动力素质的提升，而农业发展水平的高低很大程度上又取决于劳动力素质的高低，低素质的劳动力制约先进的农业生产工具和生产技术的应用，阻碍农业的发展。文化素质水平低下还影响对新工作、新行业的接受程度，农民在外出务工的过程中很容易由于交流障碍而导致就业困难。另外，知识水平受限，很多人只能从事低端产业的工作或者进行出卖劳动力的工作，守旧的观念阻碍村民外出务工的步伐，造成外出务工人员的数量规模一直很少。健康资本也是人力资本的重要组成部分，村庄的医疗卫生设施建设落后，医疗人员素质水平低下，农民自身不良的生活卫生习惯造成农民的身体健康状况极差，这些现实存在的问题严重影响农民人力资本的提升，进而影响农民内生发展的动力，村民难以通过自身的发展实现脱贫增收。

第二章　海雀村的扶贫历程演进

海雀村地处边远，自然条件差，生态环境脆弱，基础设施薄弱，贫困人口自我发展能力低，属于极贫村，贫困程度深，脱贫难度大。20世纪80年代以来，海雀村扶贫工作大致经历了以下几个演进阶段。

一、以村庄力量建设生态促进减贫（1985—1993年）

新中国成立前，海雀村因地理位置偏远，资源开发活动少，森林覆盖率高，树木郁郁葱葱。在计划经济时期，村民对自然资源的开发活动增加，加之生态保护观念弱，农民的生产活动对生态环境开始带来负向影响，到20世纪80年代，海雀村的森林覆盖率不足5%。失去了森林的保护，海雀村泥石流等自然灾害频发。农业发展基础遭到破坏，适合种植粮食的耕地面积减少，土地肥力下降。村庄贫困因生态恶化不断加剧。在1985年，人均纯收入33元，人均占有粮食107公斤，民谣“海雀大坪子，荞麦过日子，要想吃顿苞谷饭，要等婆娘坐月子，要吃大米饭，除非下辈子”道出了海雀人民的辛酸。

1985年6月2日，《国内动态清样》第1278期上的文章《赫章县有一万二千多户农民断粮，少数民族十分困难却无一人埋怨国家》，报道了赫章县海雀村的贫困状况，受到党中央的高度重视。时任中央书记处书记的习仲勋同志作出重要批示，同时期刚上任的贵州省委书记胡锦涛也亲自到海雀村调研。1988 年 6 月，经国务院批准，成立了毕节“开发扶贫、生态建设”试验区。在“山上有林才能保山下，有林就有草，有草就能养牲畜，有牲畜就有肥，有肥就有粮”的思路指导下，走上了“植树—种草—养畜—种粮”的发展之路，在时任村支部书记文朝荣的带领下，海雀人义务投工投劳，一场“战荒山，斗贫困”的场景在海雀村轰轰烈烈地展开。从 1987 年冬天开始，海雀人义务投工投劳，一代接着一代干，植树工作到 1994 年基本结束，海雀村的自发造林经历了 6 年的时间，期间种植树林超过万亩。森林植被恢复，为村民养畜提供了基础条件，在保护生态前提下，养畜量增加了，农民收入增加了。同时，森林植被得以恢复，村庄的水源和水量逐渐增加，为种植粮食提供了基础。

村民义务植树造林（图片来源：赫章县河镇乡人民政府）

海雀村的万亩林场（图片来源：赫章县河镇乡人民政府）

二、开发扶贫攻坚阶段（1994—2001 年）

海雀小学（图片来源：赫章县河镇乡人民政府）

海雀村卫生室（图片来源：赫章县河镇乡人民政府）

1988 年，国务院批准建立毕节试验区。毕节试验区以“开发扶贫、生态建设、人口控制”作为实践试验的三大主题，海雀村是毕节试验区的核心地区，也是毕节试验区的发祥地。如果说在 1993 年以前，海雀村以生态建设作为重点主题，那么从 1994 年开始，开发扶贫则成为海雀村有效改善生态环境、脱贫发展实践探索的核心主题。在开发扶贫攻坚阶段，海雀村在党委、政府的领导下，以解决温饱问题为中心，以调整产业结构实现农民增收为突破口，以改善生产生活条件为重点，以提高村民的综合素质为根本，在保护生态的前提下大力推进开发扶贫。在农业发展、基础设施提升、社会事业发展等多个方面取得积极成效，有力促进了贫困人口解决温饱问题。

三、新农村建设与加快脱贫阶段（2002—2012 年）

21 世纪第 1 个 10 年，国家提出“生产发展、生活宽裕、乡风文明、村容整洁、管理民主”的社会主义新农村建设。与此同时，我国扶贫开发进入以贫困村为重点单元的新阶段，推进实施以整村推进为“一体”、以产业扶贫和劳动力转移培训为“两翼”的“一体两翼”扶贫战略。海雀村作为深度贫困村，在系列扶贫措施实施下，村庄建设和村民素质都得到了较大的提升。在村庄扶贫产业上、大力实施畜圈改建工程，解决牲畜放养带来的环境卫生问题，为建设养殖基地、大力发展养殖业提供硬件设施保障。合理开发村内荒山荒坡，引进优质牧草，种草养殖，积极发展以养牛、猪为重点的畜牧业产业。建设中药材基地，培育半夏、续断等中草药产业，2010 年半夏种植达 200 亩。建设标准粮田，提高粮食生产能力，大力实施科技兴农措施，推广农业适用技术，提倡良种良法，实施良种更新更换率 90% 以上，科技含量达 95% 以上，促进粮食稳定增长。对村万亩林进行综合规划，完善基础设施，合理开发，为发展旅游业打基础；在劳动力转移培训方面，抓好农民技术培训，帮助农民掌握实用技术，组织其外出务工。同时引导具有丰富市场经验的农民返乡发展第二、三产业。在村庄建设方面，加快居民住房建设，充分立足现有基础进行农户住房改造，对全村茅草房进行改建，对全村 117 户房屋进行改造，达到人均 30 平方米以上的农家小院住房和 15 平方米以上硬化院坝。抓好村庄规划，修建垃圾集中堆放池，实施村庄绿化，建设公共活动场所。启动并逐步深入解决苗族同胞住宅与畜禽圈舍混杂问题。推进“三改一气”（改厨、改圈、改厕、建沼气池）200 套工程建设。推动通村公路的完善，力求达到路面硬化。启动修建环绕万亩林的便道路，为下一步打造海雀村的乡村旅游打好基础，也便于对万亩林的管理。实现交通网络化。道路畅通、便捷，形成内外衔接、方便快捷的交通网络，户户通水泥便道路，修建水泥便道路 5 千米，村内主要道路硬化率达 80%。搞好水利基础设施建设，保证人畜用水安全，进行河道治理。在社会事业方面完善办公设施，建立新型农村合作医疗制度，实现现代信息设备入户。

四、精准扶贫阶段（2013 年至今）

党的十八大以来，我国扶贫工作进入精准扶贫精准脱贫新阶段，海雀村扶贫工作迎来持续脱贫和奔小康的新机遇。海雀村脱贫攻坚坚持精准扶贫精准脱贫方略，探索创新出了精准扶贫“瞄靶子、梳辫子、结对子、理路子、想法子、找票子、甩膀子、强班子、凑份子、造册子”的“十子法”工作机制。成立海雀村党委统一组织协调脱贫攻坚；在产业发展带动脱贫上，充分利用村庄优势资源，积极发展食用菌种植、民族服装厂、苹果产业、生态蛋鸡养殖场、乡村旅游（农家乐）等产业，以产业发展吸纳贫困人口，使其获得工资、增加收入；在基础设施建设上，加强改造村庄道路、水利等基础设施，进一步提升基础设施水平；在教育扶贫上，加大基础教育建设投入，不断提升基础教育建设水平；在生态扶贫上，积极动员村民发展林下经济。党的十八大以来，海雀村着力实施精准扶贫精准脱贫方略，大力推进基础设施、生态环境、民生事业、精神文明等建设，强化特色优势产业发展，2016 年脱贫退出，实现了从“苦甲天下”到“林茂粮丰”的华丽转身。

第三章　海雀村脱贫攻坚主要举措与成效

一、脱贫攻坚主要举措

第一阶段为进入精准扶贫精准脱贫新阶段。海雀村的脱贫攻坚主要分为两个阶段：精准脱贫阶段和巩固提升阶段。第一阶段为以党建引领的精准脱贫阶段，海雀村大力实施产业脱贫、教育扶贫、生态扶贫、基础设施建设等扶贫措施，促进了村庄发展和村民脱贫，并于 2016 年实现脱贫退出；第二阶段为巩固提升阶段，围绕巩固脱贫成果、推进乡村振兴，海雀村推进实施了产业化扶贫、基础设施建设、旅游扶贫等系列措施，提升了村庄经济发展水平。

（一）党建引领精准扶贫措施

在产业扶贫上，海雀村的主要扶贫举措包括发展蛋鸡养殖产业、以奖代补黄牛养殖、土豆品种改良、兴办村级服装厂等。2015 年，海雀村引进企业创建海雀生态养殖有限公司，在海雀村党委的组织下以 500 元 / 亩的价格流转村内土地 20 亩，建设标准化厂房 6300 平方米，配套流水线生产用房等生产用房 1200 平方米。引入外地企业发展蛋鸡养殖产业。争取扶贫资金 600 万元代贫困户入股到公司，从 2016 年底开始，每年年底分红 90 万元红利给村委会，由村委会按照和相应农户签订的协议分给贫困户，分红期限为五年，五年合计分红 450 万元。除了海雀村每年获得20万元的村集体分红，蛋鸡产业每年拿出15%的利润给贫困人口进行分红，涉及分红的海雀村外贫困户有330户，海雀村内贫困户84户，每户每年分红2727元。另外，蛋鸡产业每年从海雀村雇佣工人约20人，每人每月平均工资约2500元。在黄牛养殖上，2014年政府采取以奖代补的方式扶持贫困农户发展黄牛养殖。其方法是贫困农户自行到市场购买西门达尔黄牛小牛进行养殖，贫困农户黄牛养殖达到标准后政府给每头牛补助5000元，每户最多补助两头牛，即最高补助标准为1万元。参与黄牛养殖的为全村84户的所有贫困户。2014年支持农民种植改良土豆。海雀村村民以前的土豆都是传统留种的品种，平均亩产2000斤，产量比较低。2014年政府从威宁县等购回新品种，新品种土豆亩产4000斤，比原来土豆量产增加1倍。扶持方式为由农户购买土豆新品种种豆1.5元/斤，1亩地需要400斤种豆，每亩投入约600元，政府给予补贴每亩300元。土豆品种改良较好地解决了农民的缺粮问题。

在教育扶贫上，海雀村对口支援单位浙江省委台盟出资10万元、赫章县政府号召相关企业资助50万元，设立海雀村教育扶贫资金，对海雀村的学生进行助学贷款。其中高中、中职，每人每学期可以贷款1000—2000元，大专、高职每人每学期可贷款1000—3000元，本科生每人每学期可以贷款1000—5000元，重点大学每人每学期可以贷款1000—10000元。截至2019年4月，已有60多人次贷款。

2018年建成的海雀新小学（图片来源：赫章县河镇乡人民政府）

村民投工投劳修建村组路（图片来源：赫章县河镇乡人民政府）

在生态扶贫上，继续推进退耕还林，2014—2016 年退耕还林 2800 亩。同时，政府购买红豆杉、黄杨等经济林木树苗，组织村民种植，种植规模为 1500 亩。验收合格后向农户发放 240 元 / 亩的种植补助，共发放 5 年，合计 12000 元 / 亩。同时发放农户 200 元 / 亩的种植劳务费。

在基础设施建设上，大力推进危房改造项目，彻底解决农民住房不安全问题。危房改造标准为维修加固补助 8000—17000 元 / 户，拆除重建补助 3 万元。动员村民组建房屋建设互助小组，约 10 户组成一个联建互助组。通过互助共建房屋，建房农户既节约了建房资金，也解决了住房建设用工紧张问题。在村内道路建设上，通过一事一议，硬化村组道路 18 千米、入户路 21 千米。建设方式为政府出材料、村民投工投劳。通组路成本为 40 万元 / 千米，政府投资约 720 万元，入户路成本投入 10.5 万元 / 千米，政府投资 220.5 万元；在公共服务设施建设上，2013—2014 年，海雀村村内建起了文化广场、生态小公园等公共服务场所，政府投入约 120 万元。

（二）巩固脱贫成果促进乡村振兴举措

2016 年海雀村脱贫退出后，进入巩固脱贫成果和促进乡村振兴的新时期。在这一时期，海雀村实施的扶贫举措包括了产业扶贫、旅游扶贫、基础设施建设等。

在产业扶贫上，积极发展矮化苹果产业。2017年底，引进山东企业青山湖公司在海雀村种植矮化苹果500亩，覆盖农户222户。由企业管护3年，之后交给县里平台公司。产业的所有权属于县里平台公司，但主要由村集体进行支配，即由村社一体的合作社进行经营。苹果种植后的第三年，亩产可达5000斤，第四年进入丰产期，亩产可达8000斤以上。按照每斤3元的保守价格计算，每亩收入可达24000元，除去成本每亩净收益在19000元左右。企业管护3年（包括在种植期间）获得收益，苹果产业的生产资料（苹果树、肥料，机械投入等）全部由企业投入和负责（相当于政府把苹果产业承包给了企业），政府给予企业41000元/亩（1年后挂果）和19000元/亩（3年后挂果）补助两种类型。企业管护评估期间，种植苹果和田间管理产生的费用（包括雇工费、化肥等）由企业支付。种植模式及农民利益联结采取“1126”利益联结机制。公司以种苗、技术、化肥和农药等入股，农户以各自的土地入股；将苹果产业毛收益的10%分给土地入股的农户分红（保底不低于500元/亩），10%支付企业技术服务费用，20%分给乡镇平台公司（其中15%用于支付人工费用，5%作为村级集体经济积累），60%用于县平台公司（农丰源）偿还苹果种植贷款；项目实施满10年以后，公司退出经营，全部果树的所有权

海雀村矮化苹果产业

和所得收益 100% 归农户所有。

发展食用菌产业。海雀村引入企业积极发展食用菌产业，2018 年底开始实施，2019 年形成一定规模。食用菌大棚占地 100 亩（100 个棚，两户租用 1 个棚），计划覆盖农户 200 户。项目利用贵州贵喜生物科技有限公司生产后的废料为原料，结合河镇乡丰富的自然资源和适宜的气候条件，以种植木耳、草菇和双孢菇等菌类产品为主，最大化地发挥食用菌在资源配置、地域环境等方面的优势，通过项目建设实现食用菌生产布局区域化、基地规模化、管理标准化、经营产业化的目标。大力发展循环经济，提高资源利用效率，保护和改善环境，实现可持续发展，把食用菌产业打造成河镇乡的"乡经济特色产业，农业经济主导产业，循环经济支撑产业"。由贵喜生物科技有限公司提供技术指导和提供菌棒，并负责回收食用菌（保底价 40 元 / 斤）。根据当下行情，每个大棚种植木耳 7000 棒，每棒 0.1 公斤（干货），市场价为 60 元 / 斤左右（干货）；草菇每平方米产量为 5—7 公斤，价格为 7 元 / 斤左右；双孢菇每平方米产量为 8—15 公斤，价格为 9 元 / 斤左右，每个大棚收入将达 5 万元以上。能解决 100 人的就业问题，既有利于提高民众生活水平，又可带动本地运输业、服务业、加工业及相关产业的发展，扩大了就业机会，尤其是提高农村妇女的劳动就业机会。

在旅游扶贫方面，建立培训基地。2018 年海雀村与赫章县旅游开发公司、赫章县党校合作在海雀村建立中共赫章县委党校——文朝荣精神教育实训基地，积极发展以教育为主题的培训和旅游产业，促进赫章县民宿产业发展。培训基地由赫章县旅游开发公司主导实施，负责组织管理和培训人员的伙食供应，帮助村民建设标准化民宿，请县党校老师来授课。截至 2019 年 4 月已举办县级培训班 13 期（每天每人收费 130 元）和 4 期省级培训班（每天每学员收费 300 元）。参与收益分配的有海雀村民宿农户、赫章县旅游开发公司、赫章县委党校。在收益分配上，省级培训班的 300

正在修建中的村内山坪塘

元中有民宿农户120元，党校30元（授课费），旅游公司150元；县级培训班的130元中有民宿农户30元，党校30元（授课），旅游公司70元。

在基础设施建设方面，整合海雀村周边的5个村庄，建设30万立方米的水库，彻底解决了农户生活和生产用水问题，和有利于发展乡村旅游的用水问题。在资金来源上，县级水利部门投入5050万元，除了海雀村受益外，河镇乡的另外5个村的村民也受益。在村内建山坪塘1个（2万立方米），由水利水务部门投入建设资金500万元。建设山坪塘既可以解决农户生产、生活用水问题，也有利于增加乡村旅游景观，提升以培训基地为主的乡村旅游品质。2019年开始围绕矮化苹果种植园建设产业路5千米，并与培训基地连接。因为产业路建设不仅具有提升农产品运输成本作用，也有利于海雀村以培训基地为主的乡村旅游扶贫。

二、主要成效

（一）贫困人口持续减少

海雀村是我国脱贫攻坚的一个缩影。党的十八大以来，海雀村着力实施精准扶贫精准脱贫方略，探索出了“瞄靶子、梳辫子、结对子、理路子、想法子、找票子、甩膀子、强班子、凑份子、造册子”的“十子法”。大力推进基础设施、生态环境、民生事业、精神文明等建设，强化特色优势产业发展，2016 年实现脱贫退出。

（二）农民收入持续增加

海雀村认真贯彻落实党的扶贫开发方针政策，紧紧围绕开发扶贫、生态建设、人口控制“三大主题”，大力推进基础设施、生态环境、民生事业、精神文明等建设，全村经济社会发展取得了翻天覆地的历史巨变。全村人均纯收入从 1985 年的 33 元增加到了 2018 年底的 10611 元，增长了 300 多倍。通过壮大村级集体经济为贫困人口增收提供保障，通过流转土地、争取扶贫资金与养鸡场合作，每年可分到 20 万元作为村级集体经济收入，争取扶贫资金 600 万元代贫困户入股到公司，每年可分红 90 万元给全村 330 户贫困户，每户每年可分红 2727 元。深入实施产业扶贫，切实增加农民收入，大力发展山地特色农业，积极引进与本地区实际相符合的产业项目，采取“公司＋合作社＋农户”的方式，发展种植养殖产业。其中，大蒜 300 亩、脱毒马铃薯 5000 亩，新增黄牛养殖 200 头、蜜蜂养殖 100 桶。已建成 1 个 100 亩的绿化苗木基地；20 万羽的蛋鸡养殖场；投资 450 万元的海雀民族服饰加工厂已投产，在服装厂务工的贫困人口每月平均收入在 2500 元左右；发展矮化苹果和食用菌项目吸纳投资和就业。通过以上产业结构调整措施，可实现农民人均增收 1000 元，切实提高了群众收入。依托“朝荣精神”全力打造文朝荣精神教育实训基地，发展教育培训旅游产业，争取在住宿、餐饮方面覆盖全村贫困户，计划对 100 户农户的居住环境进行改造，用于教育实训基地学员与农户“同吃同住同劳动”的实践体验。签订合作的农户有 44 户，可住宿房间 144 间，安置 200 个床位，实现每个住户一天为农户实现 30—50 元的增收。积极推进劳动力输出，组建了贵州海雀宏锦建筑有限责任公司和海雀劳务分包公司，先后输出劳动力150人，实现劳动力转移人口的月收入达到3000元左右。通过各项措施的实施推进实现贫困人口就业和持续增收。

（三）生产生活条件改善

“要想富，先修路”。基础设施建设是脱贫攻坚的重点任务。1985年，海雀村有瓦房12户、茅草房114户、杈杈房42户，家家户户人畜混居，80%的村民衣不蔽体、食不果腹。海雀村一方面积极争取上级支持，一方面自力更生，对农户住房进行改造，在2016年，户户住上了美丽的黔西北民居。合作医疗参合率、养老保险参保率达100%，新建了卫生室、文化活动中心，实现了5个村民组联户路无缝对接和院坝硬化全覆盖。同时建成通村公路14千米、通组路5.5千米；饮用水池3个，铺设了人饮工程管道4000米。在长海组修建了防洪堤600米，在文家沟修建一个集饮用、灌溉、观光于一体的小Ⅱ型水库，解决了海雀及周边村寨近千人安全饮水问题，也解决了2000多头大牲畜饮水困难和200多亩耕地的灌溉问题。在小康房建设中海雀村配套改厕130个，建沼气池110口，95%以上的农户完成改厕和改圈工程，50%的农户使用上清洁再生能源。通过“小康电”行动，在电力部门的支持下，村里新装200千伏安变压器2台，安装400伏输电线路2100米、220伏输电线路400米，全村实现了“一户一表”，村民生活用电与城里“同网同价”，居民端电压合格率达94%以上，村里还新增了60盏路灯。改变了原先供电不足的现状，电力供给的改善方便了农户日常的生活，也有力支持了相关扶贫产业的发展。建成3000平方米的文化广场一个、4500平方米的生态公园一个。户户用上了自来水。全村实现了水、电、路、通讯、广播电视“五通”，生产生活条件得到根本改变。

（四）生态环境有效改善

20 世纪 80 年代，海雀村的生态环境极其恶劣，到处是荒山，尘土漫天，洪涝旱灾频发，水土流失严重。通过植树造林，加上国家退耕还林政策的有利影响，海雀村的森林覆盖率在 2018 年上升到 70.4%。森林覆盖率的提升带来了一系列积极作用。绿化面积提高，森林涵养水源能力提高，减少了水土流失面积，遏制了土地荒漠化的势头，提高了土壤的肥力，提高了农产品的产量。绿地面积的提高促进了养殖业的发展，村庄的牲畜数量也有所提高。在文朝荣老支书“山上有林才能保山下，有林才有草，有草就能养牲口，有牲口就有肥，有肥就有粮”理念的指导下大力实施退耕还林、森林抚育等工程，实现生态效应与经济发展“双赢”。1995 年，海雀村被国家绿化委表彰为“全国绿化千佳村”。海雀村在国家林业建设方针和各级部门的指引下，建立以森林植被为主体、林草结合，建设山川秀美的生态文明社会的林业可持续发展道路。截至 2018 年海雀村林地面积达 13400 亩，森林覆盖率上升到 70.4%。全村户均拥有林地 60.4 亩，人均 15.4 亩，生态环境恶化的趋势得到控制，一个生态、经济、社会效益兼顾的森林生态网络体系正在逐步建立。退耕还林进一步加强了海雀村的生态建设，而且使老百姓得到相应的资金补助，老百姓得到实惠，提高了生活水平，对退耕还林以及生态建设的认识也进一步加深了。退耕还林促进了海雀村的生态建设，也推进了海雀村经济发展的步伐。海雀村的生态建设得到长足发展，受到各级政府的肯定和赞扬。

第四章　海雀村脱贫攻坚的基本经验

经过30多年的扶贫开发，海雀村实现了由“苦甲天下”到如今“林茂粮丰”的跨越式发展，并探索形成了“党政主导、社会参与、群众主体、自力更生”的村庄脱贫发展经验。

一、党政主导脱贫攻坚

自1986年实施有计划、有组织、大规模扶贫开发以来，我国的扶贫工作主要由政府主导。政府主导扶贫开发有助于发挥我国特色社会主义政治优势和制度优势，推进扶贫工作稳步前进。海雀村的党政主导脱贫攻坚经验既体现出政府主导扶贫开发的一般意义，即政府投入在扶贫开发中具有主体和主导作用，组织动员其他社会力量参与脱贫攻坚，也体现出海雀村在村级层面践行党政主导的特色经验。海雀村党政主导脱贫攻坚的特色在于成立由乡镇领导任书记、副书记的海雀村党委，大大提升了村级组织领导、协调和动员能力。一是海雀村党委实现村庄与外部资源的有效对接。精准扶贫以来，到村各类资源增多，对村级组织承接外部资源提出了更高要求。海雀村党委成立海雀生态农业专业合作社，构建“村社一体”工作机制，对外部到村资源进行统筹安排，促进了到村项目安排精准、到村资金使用精准。二是海雀村党委充分发掘村庄发展资源，促进村民生计多样化。如海雀村党委充分发挥文朝荣老书记“艰苦奋斗、无私奉献、愚公移山、改变面貌”精神的教育意义和价值，与赫章县旅游开发公司、赫章县党校合作建立文朝荣精神教育实训基地，动员村民发展民宿，增加了农民收入的同时，也改变了村民的生活观念。三是海雀村党委在科学制定村庄发展规划、引导产业调整上发挥重要作用。海雀村党委基于村庄发展条件和资源约束，制定以大旅游为主轴的村庄发展规划，积极争取上级部门资金建设水利、交通基础设施、人居环境改造，引导农民种植矮化苹果，发展食用菌，推动村庄生态建设与扶贫开发的有机结合。

二、社会力量积极参与脱贫攻坚

海雀村在实现跨越式发展过程中获得了外部的有力支持，社会力量参与海雀村脱贫攻坚是其中的重要组成部分。作为毕节试验区的发祥地，外部一直关注海雀村的发展。精准扶贫实施后，海雀村先后成为深圳市福田区、台盟中央等多个单位的定点帮扶对象，受到各类企业的帮扶。如台盟中央帮扶的人畜饮水工程，解决了海雀村 206 户 824 人（2005 年的数据）及全村大小牲畜的饮水问题；支持村小学扩建项目，使村小学在狭窄的小教室里上课的情况成为历史，解决了近 200 名学生的上学条件困难问题；帮扶建设的活动室给村“两委”办公提供了良好条件，也使村民的学习和培训有了很好的场地。活动室建成后，村“两委”积极组织群众开展远程教育活动和各种文娱活动，丰富了村民的业余生活。帮扶项目的实施推动了村庄经济的发展，例如提供了就业岗位，发展了农民的就业劳动技能。深圳福田区支持海雀村 35 户住房困难户建房，完成海雀组硬化院坝 2000 平方米和串户路硬化 2 个项目，建设垃圾收集房 1 间，建设垃圾填埋场，修建 110 户约 2200 米的生活污水收集排放系统，以及长海组生产便道的硬化项目，极大改善了海雀村的生产生活条件。在政府的动员和引导下，赫章县相关企业、贵州贵喜生物科技有限公司等多个企业或是给海雀村教育扶贫捐款或是参与到海雀村产业结构调整中。总而言之，社会力量积极参与到海雀村的脱贫攻坚行动之中，在教育扶贫、基础设施建设、人居环境改善、产业发展等多个方面发挥了积极作用，对海雀村夺取脱贫攻坚战胜利作出了重要贡献。

三、群众是脱贫攻坚的参与主体

发挥群众主体作用是我国扶贫开发的重要要求。各类扶贫项目和资金要瞄准扶贫对象，必然需要群众的参与。同时，贫困人口提升发展能力也需要参与到扶贫之中，在参与过程中获得提升。海雀村在脱贫攻坚中始终坚持以群众需求为导向，把扩大群众话语权贯穿于推进扶贫开发工作的全过程。在推进产业发展和开展各项民生实事中，充分尊重群众的意愿，通过“一事一议”等制度，积极听取、征求、采纳群众意见，项目实施力求最大限度地体现群众意愿，不断提高群众话语权和主体意识。如在基础设施建设方面，采取以工代赈等积极动员村民参与道路、水利设施等基础设施，既提升了村庄基础设施水平，也增加农民的收入。在生态建设方面，积极发动村民参加植树造林，既恢复了生态环境，也增加了农民的劳务收入，为农户发展林下经济奠定了基础。在产业发展等方面，注重将农户产业和为农户提供发展机会置于优先位置，积极发展企业＋农户等多种农民与外部主体的利益联结模式，促进贫困人口能力提升。

四、注重激发群众内生动力

激发群众内生动力促进扶贫开发是海雀村脱贫攻坚的又一重要经验，

海雀村的成名也来源于海雀人自力更生、自强不息的精神。从 1987 年开始，海雀村民在文朝荣老支书的动员和带领下，义务投工投劳植树造林，造林时间长达十余年，造林规模超过万亩，使得 30 多个荒山全部穿上绿装。截至 2018 年，海雀村共有林地 13400 亩，户均 60.4 亩，人均 15.4 亩，森林覆盖率达 70.4%，林木价值达 8000 万元以上，人均经济存量约 10 万元，实现了生态效应与经济发展“双赢”。海雀村的自力更生精神还体现在群众在食不果腹、衣不蔽体的极端情况下植树造林，没有去埋怨没有得到国家的支援，而是自责自己“不争气”。也正是这种精神感动了中央高层领导，引起了外部对海雀贫困状况的关注，铸就了海雀村作为毕节试验区“发祥地”的地位。海雀村激发群众发展内生动力，还体现在基础设施建设、产业发展等多个方面。如在改造农房方面，海雀村民组建住房修建互助组，通过国家补助，群众出工出力的方式，完成了全村农房改造，既节约了建房成本，也使得家家户户住上了美丽的黔西北民居。

五、结论与思考

海雀村是我国典型的深度贫困村，生态恶化与贫困之间的循环是海雀村陷入长期贫困陷阱的原因。在 30 多年的村庄脱贫与发展历程中，海雀村坚持“生态建设、开发扶贫、人口控制”毕节试验区三大主题，通过生态建设恢复村庄生态，为开发扶贫奠定环境基础，在保护生态环境的前提下通过开发扶贫和人口控制，促进贫困群众生产生活改善和资源可持续利用，实现了生态环境改善与可持续脱贫的“双赢”。在脱贫攻坚过程中，海雀村探索出“党政主导、社会参与、群众主体、自力更生”的新路子，形成海雀村脱贫攻坚基本经验：探索创新出精准扶贫“十子”工作机制，明确了精准扶贫工作思路，扎实推进精准扶贫促进精准脱贫；成立海雀村党委统一协调各类帮扶到村资源，较好地实现了项目安排精准和资金使用精准，形成了在村级层面党政主导脱贫攻坚的成功经验。积极吸纳社会力量参与到村庄脱贫攻坚之中，注重发挥社会力量在教育扶贫等方面的扶贫优势，有效提升贫困群众人力资本水平；注重发挥村庄干部的带头作用和村级党委的引导作用，激发群众内生发展动力，促进村民在组织化参与扶贫过程中实现自我发展能力的提升。可见，海雀村脱贫攻坚是党政主导下村庄内源激发与外部援助互动的发展过程。内源激发引起了外部关注和资源加大投入，外部各类力量的支持和援助促进了村民发展能力提升，为村庄加快发展和贫困农户脱贫奠定了基础，帮助村庄在 2016 年成功实现脱贫摘帽。

同时也需要看到，摘帽后的海雀村在推进高质量脱贫过程中，也面临村民参与不足、内源动力减弱等问题。这主要表现在推动村庄产业由低价值粮食产业向资金、技术双密集型的高附加值产业（如矮化苹果产业、食用菌产业等）转型过程中，采取政府主导投资、企业主导生产管理的发展方式，村民处于流转土地、农业务工等边缘位置，并没有进入到产业组织链条的核心位置。村民难以在产业过程中有效掌握种植技术和提升发展技能，经营高附加值农业产业的经验和能力不足。

第四篇 FOUR

纯阳山村：从摆脱贫困到全面振兴

——四川省纯阳山村脱贫攻坚案例

纯阳山村位于四川省南部县八尔湖畔，是当地远近闻名的贫困村。一方面，土地资源数量极度缺乏，耕地质量极差，人均耕地不足0.4亩，有限的资源禀赋严重限制了发展。全村总人口共305户，计1048人，通过精准识别全村共有贫困户90户，共345人，贫困发生率高达32.92%。另一方面，内部资源薄弱，外部支持不足，基层建设滞后，村“两委”班子长期配置不齐，无法带动发展，进而加重了纯阳山村的贫困状况。

2012年以来，纯阳山村在精准扶贫过程中坚持制度优势，注重“六个精准”，落实“五个一批”，广泛动员全社会力量参与扶贫，以五大举措形成扶贫合力，走出一条具有特色的脱贫道路。历经近五年的奋斗，纯阳山村通过乡村产业重构、乡村集体经济组织重构、乡村聚落形态重构、乡村治理模式重构等一系列全方位的深度变革，建成了产业繁荣、生态宜居、乡风文明、治理有效、生活富裕的幸福新村。

纯阳山村脱贫成效显著，不仅全部达到了贫困村贫困户各项脱贫指标，并通过脱贫攻坚取得促进经济发展、增加社区和谐、改善干群关系等多元综合成效。更为重要的是，纯阳山村精准扶贫精准脱贫的宝贵实践，探索出了可供其他地区借鉴的重要扶贫经验。其中最为核心的是纯阳山村在精准扶贫过程中，高度重视群众主体能动性的作用，全方位突出群众主体，从强化其主体地位、提高其主体意识、增强其主体能力，多方面激发群众脱贫的内生动力，最终实现了真正让群众参与、切实让群众受益的脱贫目标。

第一章　点金乏术：脱贫前的纯阳山村

纯阳山村位于南部县八尔湖畔，1958 年，当地群众舍小家、顾大家，拦河筑坝，截流成湖，湖水灌溉了下游近千平方千米土地，却淹没了当地大量土地。纯阳山村成为一个个孤岛和湖湾组成的“水乡泽国”，几乎与世隔绝，群众生产生活非常艰难。2012 年前，全村没有一项骨干增收产业，“一头猪、两只羊、三分地”成了当地群众最真实的写照。

一、人穷地少：贫困特征显著

（一）人均土地资源紧缺，自然资源匮乏

纯阳山村地处北纬 31°09′20″，东经 106°01′33″，位于四川盆地北部。东与八尔湖镇场镇相邻，南与穿井沟村交界，西与封坎庙村接壤，北与墙垭口村相交，整村与八尔湖相傍，距八尔湖镇政府 2 千米；距成巴高速八尔湖高速出口距离约 3 千米。地处南部县与西充县交界处，北距南部县城 40 千米，南距西充县城 33 千米，西距成都市 220 千米。同时纯阳山村与八尔湖风景区相邻，距国家 4A 级旅游景区八尔湖风景区游客接待中心 2.6 千米。纯阳山村作为一个边界村，距南部县城和西充县城都较远，精准扶贫之前交通闭塞，区位优势不明显，2016 年建成高速出口后，交通条件才得以逐步改善。纯阳山村地属深丘低山与浅丘之间的过渡地形，整体地势

东北高西南低，平均海拔约 400 米。全村最高处位于纯阳山顶，海拔 700 米。纯阳山村气候温和，四季分明，夏季最高气温为 38—39℃，冬季最低气温为 -2℃，年平均气温 17℃。境内降雨主要集中在 8—10 月，多年平均降雨量为 1300 毫米。多年平均日照时数约 1350 小时。

人均土地资源占有量少。纯阳山村辖区面积 1.92 平方千米，其中耕地 406 亩（水田 166 亩、旱地 240 亩），林地 1270 亩，水面面积 44 亩，河道 3 千米。纯阳山村户籍户数共 305 户，户籍人口 1048 人。人均耕地约 0.4 亩，相比八尔湖镇 0.67 亩，相差 67.5%；相比南部县人均耕地 0.68 亩，相差 70%；相比四川省人均耕地 1.12 亩，相差 180%；相比全国人均耕地 1.45 亩①，相差 262.5%。人均林地约 1.2 亩，相比南部县人均林地 0.83 亩②，高出 0.5 倍，相比四川省人均林地 3.69 亩③，相差约 2 倍，相比全国人均林地 1.8 亩，相差 0.5 倍，村上土地资源的稀缺，无法满足村上人口的需求。

纯阳山村人均耕（林）地与南部县、四川省、全国的比较

单位（亩）	纯阳山村	南部县	四川省	全国
人均耕地	0.4	0.68	1.12	1.45
人均林地	1.2	0.83	3.69	1.8

土地质量差。1958 年八尔湖水库进行修建，纯阳山村 10 个社中，7 个社处于淹没区，淹没耕地近一半。原本纯阳山村地处北回归线 31 度，气候温和，降雨充沛，日照充足，土壤适宜，十分利于各类农作物的生长，但自然条件和农业生产条件好的耕地多已被水库淹没，故现有耕地多为坡

① 国土资源部，2016 年度全国土地变更调查数据。

② 南部县人民政府网，http://www.scnanbu.gov.cn/a/d/374.html。

③ 四川省国土资源厅，《2017 年四川省国土资源公报》。

地。村内坡地土壤以石灰性紫色土为主，土质疏松，氮、磷低，锌、硼严重缺乏，土体浅薄，保水抗旱能力差。库区淹没前，经济收入主要来源于第一产业，淹没后全村粮食种植面积大大减少，农民收入大幅降低。2016年前由于土地质量差，农业基础设施建设落后，水利灌溉匮乏，基本靠天吃饭。由于缺乏有效的农业灌溉设施和条件，纯阳山村承担的生存风险非常巨大。

（二）生计策略较为单一，收入水平低下

人口与收入方面，2018年纯阳山村全村下辖10个村民小组。2017年总人口共305户。村内以汉族为主，仅有2户为少数民族。本村主要姓氏有王姓、张姓、李姓、赵姓、汪姓，其次有涂姓、冉姓、罗姓、毕姓、代姓、雍姓、文姓、陈姓、尹姓等。纯阳山村是远近闻名的贫困村，2012年，全村居民人均可支配收入仅1892元，贫困村摘帽后，2017年全村农村居民人均可支配收入达到14000元，与四川省农村居民人均可支配收入的12227元相比，多出近1700元。

由于1958年八尔湖水库建设，淹占纯阳山村10个社中的7个社及近500亩良田，136户群众被迫就地移民搬迁，散居在高山坡地，以农业生产为主，现人均耕地不足0.4亩，土地贫瘠，复种指数和单产能力明显不足，全村年仅种植水稻166亩、小麦210亩、玉米135亩。精准扶贫之前纯阳山村以农业生产为主，经过脱贫攻坚战，纯阳山村陆续发展了以旅游业为主要依托的第三产业。纯阳山村按照清代川北民居风格，打造特色的传统川北民居。村上组织10户农户创建了农家乐，发展该村旅游产业。农家乐的房屋内部按照民俗旅游达标户的标准进行配置，展现“房前屋后、瓜果梨桃”的农村风貌。纯阳山村旅游资源十分丰富，除纯阳八仙洞、王芝模神墓、张家大院、王家大院等一批古迹遗址以外，村上还新建了青龙

咀大桥、荷塘月色、湿地公园、廊桥、玻璃茶坊、生态停车场、商贸街、驿站、农家乐等旅游景点与配套设施。

精准扶贫实施以前，纯阳山村产业结构单一，第一产业是唯一的产业。村民主要通过种植水稻、玉米等粮食作物和空心菜、白菜等蔬菜谋生。由于村上人均耕地不足0.4亩，农业总产量少，也仅自给自足，但农业收入占比却高。村内劳动力无法外出务工的兼以周边打零工为主，既能以兼业形式取得收入来源，也能通过这种方式经营农业和照顾家庭。由于纯阳山村地处南部县西南角与西充县接壤边界处，交通闭塞，周边开发性项目少，打零工的机会也不多。村内仅有一家加工坊，为20世纪70年代兴建，负责加工米面等物，加工坊使用的也仅仅是20马力的柴油机，为村内提供了两个就业岗位。村上还有一个种养殖农民专业合作社，于2012年成立，发起人为纯阳山村返乡青年，以肉羊养殖为主，厂区面积约3000平方米。

劳动力结构性缺乏。纯阳山村总户数为305户，户籍人口数1048，常住人口仅有468人，举家外出户数达36户，约占全村户数10%，举家外出人数达120人，约占全村人数10%。劳动力数627人，外出半年以上劳动力数423人，约占全村总人口数的40.36%，占全村劳动力人数67%。外出省外劳动力人数450人，主要从事的工作主要有：工厂工人、小时工、保洁、饭店或饭馆服务员 / 杂工、建筑工地做饭 / 杂工，其中比例最高的都是“非技术工人（体力劳动）”。总体来看，纯阳山村劳动力呈现数量少、高素质劳动力缺乏的特点，生计策略非常单一。

（三）村民教育水平较低，人力资本不足

全村总人口共305户，计1048人，通过精准识别全村共有贫困户90户345人，贫困发生率高达32.92%。贫困人口占比多，贫困程度深，贫困群体生计资本积累薄弱，自我投资不足。且因病致贫发生率高，因病致

贫 17 户 78 人，占比约 22.6%。因残致贫 2 户 8 人，因缺劳动力 1 户 2 人，贫困群体因病因残导致劳动力紧缺，劳动力素质不高。村内外出劳动力占全村劳动力 67%，村上劳动力大量外出，村内留下的都是老弱病残，村上劳动力不足无法很好地开展生产活动，发展水平也因此受到限制。

平均受教育水平不高。纯阳山村老一辈普遍学历水平较低，高等学历人才较少，培养本专科学生仅 20 余人。2015 年全村 617 名劳动力中，初小及以下文化程度 363 人，占 60%，大多数人只能从事体力劳动，技术型、技能型人才奇缺。劳动力外出务工绝大部分都是从事体力劳动工种，这说明纯阳山村外出务工还是处于职业序列中相对较低的位置，而这也与教育程度普遍不高有关系。2015 年，全村外出劳动力人均收入仅 1. 8 万元，为全县劳动力收入平均水平的 70% 左右。

（四）基础设施欠账明显，发展生产受限

公共服务和设施方面，纯阳山村教育事业起步早，但规模小，发展滞后。教育事业发展脉络：20 世纪 50 年代初期，纯阳山村在纯阳庙开办了村小学，学校共有校舍 3 间，下设班级 3 个；20 世纪 60 年代，村上修建公办学校，学校为土木结构，共有校舍 5 间，占地面积近 200 平方米；20 世纪 60 年代中期，由于民办教学的兴起，村上在 9 社新建学校，有教室 6 间，办公室 2 间，当时学校的老师有 7 人；2000 年以后，由于农村人口大量涌入城市，当地适龄入学儿童数量大量减少，再加上国家施行集中办学的政策，学校学生逐渐减少。截至 2002 年，纯阳山村小正式停办。在校学生情况：现有在校学前教育 14 人，小学 31 人，初中 13 人，中职 1 人，高中 11 人，高职 3 人，大学 5 人，在校生共 78 人，各学龄段学生均有分布。由于生活收入水平的提高，儿童入学比例提高，但高等院校学生较少，受教育水平仍需进一步提高。纯阳山村卫生事业起步较晚，精准扶贫以来发

展迅速。1958 年，纯阳山村兴建了一所保健站，当时的保健员有 3 人。60 年代初期，保健站被撤销直至 20 世纪 70 年代，纯阳山村才开始实行合作医疗制度，在村内开办合作医疗站。

电力设施建设滞后，农电建设晚。20 世纪 90 年代，村上才开始通电，最早的变压器为 50 千伏安，电力供应较弱，只能用于照明。2002 年，农网改造时期，村上增设了 3 台变压器，3 台变压器的功率分别为 20、30、50 千伏安。

村内路网还没完全修建。精准扶贫之前通往各社的道路中还有 4 个社处于土路或者“羊肠小道”等未修建硬化状态，合计 5.4 千米，约占村内通往各社道路总长的 30%。纯阳山村主道路通往八尔湖场镇，始建于 1989 年，初为土路，总长共 4 千米，路宽 4.5 米。该道路 2012 年完成硬化，2015 年扩建为 7.2 米宽沥青路。同时通往各社的道路中，有 5 个社的是在 2013 年才修建并硬化。

受资金影响，农田水利设施还未建立。纯阳山村农田水利设施指的是堰塘（简易堤坝，用于储存雨水，或少量山水、沟水等），没有河流的农村田野，堰塘是农业灌溉的重要设施。2014 年之前，在全村九大农业区块中，仅其中两个农业区块中修建了 3 口堰塘，覆盖面积约占灌溉面积的十分之一。这三口堰塘占地仅 8 亩。

二、举步维艰：脱贫难点突出

（一）内部资源薄弱

纯阳山村地处偏远，无区位优势，政策支持少。距南部县城 40 千米，驾车经高速约耗时 40 分钟，走县乡道路则耗时约 1 小时 10 分钟，处于交通系统的末端，没有任何区位优势。该村处于南部县与西充县交界，外部资源供给不足。由于纯阳山村位于区划的交界处，因此这些“边界村”基本上属于行政区域的边缘，可谓是“偏远地区”。由于与城市距离较远，存在村组道路、农田水利设施等建设滞后的问题，对交通出行、农业生产有着较大的负面影响，同时教育、医疗等基本公共服务也较为缺乏。

（二）经济结构单一，缺少产业支撑

纯阳山村经济结构单一，以农业家庭经营为主。该村是一个典型的农业村，村内基本上只有农业生产，没有工业，也没有除了商店之外的其他服务业，仅有的一个加工坊是为周边村民加工米面的小作坊。村民的主要经济活动是务农和外出务工经商，其次是在本地从事非农经营。

村集体经济薄弱。精准扶贫开始之前，纯阳山村基础设施薄弱，特别是道路硬化和农田水利设施建设滞后，加之该村处于行政区划的交界处，荒地、坡地以及林地、水面等都无法进行流转。纯阳山村无村集体企业、店面厂房等经营性收入和固定资产收入，更无其他集体性经济收入。

（三）基层建设滞后，带动作用不强

村“两委”班子长期配置不齐。在精准扶贫实施之前，村上干部长期只由村支书和村主任组成，工作能力有限，无法带动村集体发展。现任村党支部书记在村“两委”担任村书记和村主任三十余年，基层工作经验丰富，但年龄较大，另外，近年来发展党员只有一名，党员年龄的偏大，也无法发挥党员在经济建设中的先锋模范作用。

班子带动能力不强。长期以来，村“两委”班子仅有两名成员构成，精力和能力有限，无法带动发展，进而加重了纯阳山村的贫困状况。面对农村市场经济的新发展、新变化，村支书和村主任即使有为民富民之心，但缺乏引导、发展、管理经济的能力，也无法带领大家进行基础设施建设、引导建设现代农业、发展第三产业。

村集体经济薄弱，人才流失严重。由于村上无“经济实力”，村级集体经济纯收入空白，村上的可用资金主要来源于上级财政转移支付。虽然南部县在逐步增强财政转移支付力度，提高农村干部的待遇，村“两委”每月工资在500—1000余元不等，但村上事务繁多，收入和付出不成比例，并且卸任后没有生活保障，在这样的情况下，村内有能力的青年都选择外出务工。村级集体经济的薄弱影响了村上可用资金，进而影响着村上干部的待遇问题，最终导致的是村上干部老龄化严重，而且配置不齐。

（四）劳动力外流，“空心化”明显

劳动力大量外出务工，缺乏能人精英带动。纯阳山村劳动力数627人，外出半年以上劳动力数423人，约占全村总人口数的40.36%，占全村劳动力人数67%，大量优质劳动力外流，村上能人精英也都选在外创业、开办公司，对村集体的发展贡献有限。村人才紧缺进一步削弱了纯阳山村脱贫的内生动力。

劳动力紧缺、缺乏资金与技术限制了贫困户的生计资本积累。纯阳山村资源的紧缺引起了基础设施和村级集体经济以及基础组织建设的滞后，这一矛盾在贫困户内部主要表现为贫困户因为缺乏资金或技术导致了收入无法达到国家规定的收入线，生活在贫困线之下。纯阳山村精准识别的贫困户均缺乏资金、技术、劳动力以及因病因残，农户在生产过程中缺乏劳动力、资金和技术无法进行现代农业生产，制约着贫困户进行生计资本的积累，无法脱离贫困。

第二章　胼手胝足：筚路蓝缕减贫之路

一、2014 年以前，内部积贫积弱，外部缺乏帮扶

中华人民共和国成立以来，纯阳山村得到的外部资源有限，1978 年的家庭承包经营制度虽然极大刺激农民生产的积极性，但是纯阳山村在 1958 年水库建设工程中被淹没了一半以上的良田，所以在相当长的一段时间内，其发展十分缓慢，贫困现象十分突出。

2001 年国家正式颁布和实施《中国农村扶贫开发纲要（2001—2010 年）》，提出要尽快解决少数贫困人口的温饱问题，进一步改善贫困地区的基本生产生活条件，巩固温饱成果，提高贫困人口的生活质量和综合素质，加强贫困乡村的基础设施建设，改善生态环境，逐步改变贫困地区经济、社会、文化的落后状况，为达到小康水平创造条件。在此期间，纯阳山村基础设施得到部分改善，村内到社通路并硬化 7.2 千米，占全村的 50% 左右。2002 年，借助农网改造政策，纯阳山村增设了 3 台变压器，原有变压器被撤除，解决了村内用电难的问题。虽然纯阳山村的发展也享受着国力快速发展的红利，但由于地方资源有限，加之纯阳山村区位优势不明显，又不在重点发展规划之中，纯阳山村无法获取有效的外部帮扶力量和资源。

二、2014—2016 年，打牢发展基础，合力精准退出

2013 年 11 月，习近平总书记在湖南湘西考察时提出精准扶贫方略，全国开始探索精准扶贫工作。2015 年 10 月，中共十八届五中全会提出了全面建成小康社会新的目标：我国现行标准下农村贫困人口实现脱贫，贫困县全部摘帽，解决区域性整体贫困。2015 年 12 月，《中共中央 国务院关于打赢脱贫攻坚战的决定》发布，明确提出把精准扶贫、精准脱贫作为基本方略。扶贫攻坚进入新的阶段。

在重大历史变革之下，纯阳山村迎来了跨越式发展的重要契机。2014 年 9 月，经村委会申请、乡镇人民政府初审公示、县人民政府审查公示、市扶贫移民局审核、省扶贫移民局复审、省扶贫开发领导小组审定等程序，纯阳山村被确定为贫困村。

按照南部县“四年集中攻坚、两年巩固提升、2020 年同步全面小康”目标，和“六个精准”“五个一批”“三年任务，一年完成”要求，纯阳山村在精准扶贫道路上进行了卓有成效的探索。截至 2016 年底，新建村内水泥路 13 千米，村主干道扩建为 7.2 米宽沥青路。铺设供水管网 20 千米，安装自来水 230 户，实现户户都有安全饮水。在生产生活用水用电得到保障的基础上修建成达标卫生室、文化室、公共服务活动场所等惠民设施。2016 年底实现减贫 87 户 361 人，贫困发生率降至 0.57%，实现贫困村“摘帽”。

三、2017—2018 年，聚焦产业发展，巩固脱贫成果

纯阳山村在贫困村“摘帽”后，继续依托项目支持，大力完善基础设

施建设。一是推进农村住房改善，结合乡村旅游建设，全力实施农房立面打造，全村共启动房屋立面打造120余套，全面完成80余套。统一实施房屋以改水、改厕、改厨为重点的“五改三建”工程，完成“五改三建”35户。二是全村共投入资金2亿元，完成6千米骑游道路面硬化、水渠建设，新建栈道2千米、各类亭台走廊8个，完成清新花海、纯阳洞、荷塘月色等特色景点建设和张家大院、农垦博物馆打造，全村共新建农家乐8户。

依托八尔湖风景区的开发，因地制宜发展产业，扩宽农民增收渠道，巩固脱贫成果。发展双孢菇食用菌产业园，参与贫困户15户，2017年实现经营纯利润200余万元。同时村上以“四统两分”等模式适度规模发展柑橘300亩、桃树100亩、核桃50亩、套种药材近100亩。在湖湾花卉园、游步道和入户路旁种植各色树木达60余种约40亩，花卉50余种约120亩，形成了“一湾一景、一湾一特色”的纯阳花卉产业特色。

至2018年，建档立卡贫困户全面脱贫，人均纯收入达1.4万元，贫困群众住上好房子、过上好日子、养成好习惯、形成好风气，在实现“两不愁三保障”的基础上，纯阳山村的乡村旅游建设初具雏形。

第三章　火眼金睛：精准识别三步法

精准识别，是迈好扶贫的第一步。纯阳山村的精准识别工作，就是要找出真正的贫困户，了解贫困状况，分析致贫原因，摸清帮扶需求，为扶贫开发瞄准对象提供科学依据。纯阳山村在精准识别上取得了较好的结果，迈好了关键的一步。

一、坚持宣传优先，促进政策入户

坚持脱贫政策宣传，巩固群众基础和执政能力。要实现精准识别，就要坚持宣传优先，促进政策入户，保障贫困户都能在公开透明的政策中了解识别政策和部署。按照《四川省人民政府办公厅关于印发四川省建立精准扶贫工作机制指导意见的通知》要求和南部县统一安排部署，纯阳山村在精准识别过程中加大宣传力度，组织宣传培训，发动群众参与，引导第三方监督，实行公示公告，确保精准识别做到政策公开、规则公平、结果公正、群众公认。

多方合力，强化宣传深度广度。纯阳山村积极响应市县号召，村“两委”班子、帮扶干部和驻村工作队等人员，接受县扶贫移民局的宣传培训，增加政策宣传专业知识。并在村上召开宣传动员大会，把上级有关识别政策通过干部入户讲解、张贴精准识别明白书、召开“三议五会”、号召群众自发宣传、夜校上课等方式宣传到户到人，长久不在家的农户通过由村干部电话通知讲解、邮寄政策书等方式宣传到位。另外，纯阳山村还建有官方公众号、微信群，不时发布识别政策。由村“两委”班子、驻村工作队组成的宣传回访组还不定时入户询问农户是否了解政策，查漏补缺，确保人人都懂政策、知程序，保护群众知情权、参与权、监督权。

二、坚持程序优先，确保公开透明

提高认识，强化主动性、参与性、积极性。加强精准识别程序公开工作，是进一步提升基层组织建设水平、完善村民自治、规范农村脱贫攻坚工作的重要内容。纯阳山村切实把识别程序公开作为一项重要的政治任务来抓，促进农村和谐稳定，切实增强干部做好精准识别工作的主动性、群众参与精准识别工作的积极性。

（一）识别政策公开

让权力在阳光下透明运行，营造风清气正的识别环境。纯阳山村在精准识别前由乡镇干部给群众普及识别“一超六有”知识，严格按照政策要求核算家庭人均纯收入，保证客观真实。纯阳山村通过公开栏、发放明白纸、广播等多种方式将精准识别标准政策公开，公示时间不得少于五天。确保村级贫困户识别事务民主决策、办事公开，接受党员群众的广泛监督，最大限度地消除群众疑虑。

（二）识别过程公开

坚持程序化运作，接受民主监督。不满足“一超六有”的农户向纯阳山村村委会提出申请，或村“两委”入户调查统计出贫困户，填写申请书。由南部县精准扶贫领导小组办公室统一协调，乡镇人民政府牵头，成立入户调查小组进村入户对申请对象的家庭开展经济状况调查和劳动能力认定。依据调查结果，以村为单位召开村民代表大会对申请农户逐户审核评议，确定最后的识别名单。对确定识别的贫困户实施的识别事项，整个过程纳入监管范围，接受纯阳山村“重点工作监督组”“民主理财小组”“项目领导小组”以及人民群众的广泛监督。对贫困户的识别情况、办理情况进行全程公开，确保工作保质、干部保廉，识别工作得以及时办理等。

（三）识别结果公开

坚持“一二三公示”，透明识别结果。纯阳山村依据最后识别名单，在本村对贫困户名单、注意事项、识别工程、参与单位、资金使用等的办理情况、达到的效果、发挥的作用等也及时进行全面详细的一榜公示；公示结束后，由八尔湖镇党委和政府主要领导牵头组织乡镇干部，对纯阳山村民主评定的识别对象进行回访、核查，根据结果上报村级名单，经同意后进行为期三天的二榜公示；公示无误后，正式文件报南部县扶贫办审批备案，县扶贫办对乡镇上报名单进行审核确认后，将下达批复文件，并在网上进行三榜公示，公示无异议后及时开展建档立卡工作。

2015年，纯阳山村精准识别贫困户89户367人。缺技术致贫3户10人，占总贫困户人数的2.72%；缺资金致贫66户269人，占73%；因病致贫17户78人，占21%；因残致贫2户8人，占2.18%；缺劳动力致贫1户2人，仅占0.54%。

三、坚持分类管理，助力精准帮扶

纯阳山村根据贫困户的实际情况不同，例如致贫原因、贫困深度等，在识别之后进行分类，将同类型贫困户归纳为一类，因人施策帮扶，以实现精准识别与精准帮扶的有效衔接。

坚持 ABC 分类管理，落实精准帮扶。2016 年，纯阳山村对建档立卡贫困户实行 ABC 分类管理。由县级领导牵头，组织帮扶力量，对建档立卡贫困户进行逐户会诊，入户了解贫困户家庭的真实情况。根据贫困户实际情况，对照“一超六有”标准线，由帮扶干部、村组干部提出相应名单，通过“三议五会”，将建档立卡贫困户分为稳定脱贫示范户 A 类、有一定难度的中间户 B 类、问题较大的困难户 C 类。纯阳山村 27 户建档立卡贫困户分为 A 类 13 户、B 类 11 户、C 类 1 户。

纯阳山村坚持“稳定示范户、提升中间户、攻坚困难户”原则。分类建立清单，定实攻坚措施。对当年脱贫成功率大的示范户，鼓励其自主创业，自力更生，全面兑现帮扶措施和脱贫政策；对加一把力、鼓一把劲就能脱贫的“中间户”，及时调整帮扶力量，抽调精兵强将，进行点对点、人对人、面对面精准帮扶；对当年脱贫问题较大的困难户，针对安全住房、安全饮水、人均收入等方面存在的“硬伤”，一户落实一个工作组，一项工作落实一个责任人，每天一盘点、每周一会诊，集中力量攻坚，确保如期脱贫。

第四章　撸起袖子加油干：五大力量助帮扶

习近平总书记指出，扶贫开发贵在精准、重在精准、成败之举在于精准。纯阳山村在精准扶贫过程中发挥制度优势，注重“六个精准”，落实“五个一批”，广泛动员全社会力量参与扶贫，以五大举措形成扶贫合力，走出一条具有特色的脱贫道路。

一、党建引领，夯实组织基础

事业兴衰，关键在党。纯阳山村在精准扶贫过程中高度重视党建工作，意识到党建工作是凝聚民心、推动扶贫工作发展的强大力量，是一切工作开展的核心指导。纯阳山村党建工作在党建引领脱贫攻坚中取得了很好的成绩。

纯阳山村第一书记魏小洁及其妻子都是优秀的共产党员，他们在脱贫攻坚工作中，以身作则，将自己打造成了脱贫工作的排头兵。凝聚民心，带领群众铆劲前进，发挥着脱贫攻坚战的堡垒作用，彰显了党的核心领导和带头作用。

（一）加强班子建设，提升干部队伍素质

配班子强队伍，巩固基础，促进精准脱贫顺利开展。“村看村，户看户，群众看党员，党员看支部”，形象地说出了基层党组织工作的关键。加强

干部队伍建设，配齐村“两委”班子成员、扩大人员数量、提高质量，对巩固党的群众基础有重要作用，因此带班子强队伍是搞好脱贫攻坚工作的基础。

2015 年底，纯阳山村村“两委”班子只有两人，分别是村书记涂正林与村委会文书王林，一人身兼多职。纯阳山村班子存在的主要问题就是基层组织薄弱，班子人员太少、战斗力不强，缺乏凝聚力和向心力，导致村务工作效率低。

支部引领，发掘人才，构建干部队伍长效机制。纯阳山村从 2016 年开始，从三方面来建设班子队伍。第一是建好村“两委”班子。纯阳山村正确协调处理好了三种关系，第一书记与支部书记的关系，做到总揽不包揽、依靠不依赖、遇事多商量。处理好支部书记和村委会主任的关系，使上下齐心，团结协作。处理好支部书记、村主任与其他村班子成员的关系，细化班子成员责任、分工明确。第一书记到每个班子成员家里住一周，面对面谈心谈话，掌握班子现状，厘清成员关系。第二是加强培养引领。首先，带领班子和群众走出去学习参观，回来召开“我能为纯阳山村发展贡献什么”的讨论，解放思想；其次，引进式学习，邀请农业方面的专家教授到村上授课、培训、指导等。最后，动员村上致富能手对口联系贫困户，帮助发展产业和就近务工，并将能手培养为村级后备干部。第三是严格执行制度。纯阳山村村班子和第一书记等始终坚持严格执行“三议五会”、党员教育等制度。2016 年至 2018 年，纯阳山村培养了 3 名党员，其中有 2 名素质好、效率高的年轻党员，同时还发展了 6 名积极分子。

（二）“五个一”帮扶　加强脱贫工作队能力

创新“五个一”帮扶机制，有力促进干部驻村工作落地落实。四川省委、省政府把干部驻村帮扶作为推进脱贫攻坚的重要抓手，创新实施“五个一”帮扶机制，始终把最优秀、最能干的干部选派到纯阳山村的“五个一”帮扶力量中来，确保供需对接全面覆盖。纯阳山村把开展“五个一”帮扶作为密切党群干群关系的重要载体和主要手段，对有效促进和带动干部深入基层、干在实处，促进精准扶贫精准脱贫方略在基层落地落实起着重要作用。

深入调研，按村派人。省、市、县三级调研组深入纯阳山村把脉会诊，查找问题、分析原因，研究脱贫方案。在此基础上，根据纯阳山村发展的大小、强弱、特点，有针对性地开展选派工作，结合纯阳山村的需要和工作组、第一书记的特长，省直部门先后选派以魏小洁为代表的、年富力强、基层脱贫工作经验丰富的第一书记数名；以文武为代表的、上下齐心、团结协作的驻村工作队；选派熟悉纯阳山村发展情况、常年从事脱贫攻坚工作的南部县人大常委会副主任汪文成任县级帮扶领导；按照纯阳山村脱贫产业特点，让南部县市场监管局为对口帮扶单位，帮助村民发展各类产业；并选派了两名专业知识丰富、近邻村子的农技员到纯阳山村。

按需培训，确保质量。为确保帮扶内容适合村情村状，提高帮扶质量、工作效率，提升驻村干部引领脱贫攻坚的能力素质等，纯阳山村以南部县党校为主要培训阵地，组织驻村工作队队长、第一书记等每年分期分批参加专题培训，重点进行脱贫攻坚政策法规、特色产业发展、农村矛盾纠纷化解、基层党建等课程培训。对农技员分门别类培训相关业务、农业技术、养殖技术等。在“五个一”帮扶力量的联动推进下，一大批长期制约贫困群众的突出问题得到根本解决，加快了纯阳山村决胜脱贫攻坚、同步奔小康的步伐。

（三）“双诺双评”发挥党员示范作用

开展“双诺双评”，发挥党员示范作用、增强支部凝聚力、拉近干群关系。纯阳山村党支部以“建强基层战斗壁垒、发挥党员示范作用、服务人民群众、推进各项工作”为目标，广泛开展“双诺双评”。“双诺”指支部从自身建设、基础设施、环境整治、产业发展等方面向党员承诺，做实事五项。如强班子带队伍，培养村级后备力量2名、发展入党积极分子2名等；25名党员等向群众承诺2件事，共50件，如党员王煜中向群众承诺，就近务工，力争年增收一万元，做政策宣传员等。“双评”是党员民主评议党支部、村民代表评议党员。对承诺事项完成情况，于每年底分别召开“三议两会”进行民主评议，依据年底对承诺事项完成度、满意度评议，结果进行公示。未完成或满意度低于90%的，来年进行继续完成。此举有效凝聚了推动精准脱贫的整体合力，夯实了精准脱贫的组织基础，发挥党员的示范作用。

“双诺双评”评议程序为提议—审查—审议—承诺—公示。提议：在乡镇党委的指导下，分别由村党支部和党员根据实际情况拟定今年要履行的承诺事项；审查：召开村“两委”会议，对村党支部和党员个人承诺事项进行审查，主要审查承诺事项是否切实可行；审议：村“两委”审查结束后，将支部和党员个人承诺事项一并提交党员大会讨论通过；承诺：召开党员大会，由村支部书记代表村党支部向全体党员公开承诺；公示：召开群众大会，由党员个人逐一向全村群众公开承诺。

（四）“干群一家亲” 拉近干群关系

开展“干群一家亲”，同吃同住同劳动，喝“跟斗酒”[①]。为密切党群干群关系，增强贫困群众在党的领导下脱贫致富的信心和决心，纯阳山村帮扶干部每周至少到挂联贫困户、帮扶贫困户走访帮扶1次，每月家访住夜

① 跟斗酒：散装、度数高、便宜的酒。由于酒性烈，喝了极容易上头，像要栽跟斗。为四川方言。

1 次。帮扶干部把到村到户帮扶措施细化成任务书、时间表和路线图，为群众提供低保兜底、医疗救助、养老保险、办证审核、农机帮助等上门服务或代办服务。帮扶干部结合党员“双报到”活动，到帮扶贫困户家开展生产指导、抢种抢收、卫生清洁等义工服务，如纯阳山村帮扶单位——南部县市场监管局到村上帮助开农家乐的村民现场办证，并为农户租房子、签工作合同等，形成了“办证扶农”“合同助农”。在农忙时节，纯阳山村还开展“助耕支农”活动，每年五六月，干部们到贫困户家同吃同住同劳动，帮助农户劳动，一起喝“跟斗酒”。纯阳山村帮扶干部重点还针对留守老人、留守妇女、留守儿童、残疾人、重病患者等特殊群体，开展走访慰问活动。并组织县医院、中医院、妇幼保健院等医院组织骨干力量到村进行巡回义诊，重点做好传染病防治和大病预防。

（五）创建“五星”级农户　激发群众内生动力

注重扶贫同扶志、扶智相结合。为提高纯阳山村贫困群众内生动力、促进精准扶贫顺利开展，纯阳山村开展了“五星级”农户评选活动。“五星”级农户是指勤劳致富“星”，环境优美“星”，邻里和睦“星”，遵纪守法“星”，家庭幸福“星”。纯阳山村按“三议五会”群众工作法，每年开展“五星级”农户评选，不时入户调查走访、组织参观体验五星级农户家庭等。2018 年度纯阳山村 10 个社共有 13 名农户获得“五星级”称号，其中一社 3 人，二社、四社、五社、七社、八社、九社分别 1 人，六社和十社分别 2 人。

“五星级”农户评选程序为：初评—复评—公示—审批—挂星。纯阳山村“五星级”农户初评以社区为单位组织初评，由本社全体农户“一户一人”参加，获得参会人员过半数的该户初定得星；复评由村“两委”组织，驻村镇干部和全体村干部、村民代表参加，对初定为星级农户的每户逐户逐星进行复评，获得参会人员过半票的该户复定得星。公示是对复定为星级的农户，由村“两委”在村内向群众公示不少于三天，接受群众监督。审批，对经过公示无异议的星级农户，由村“两委”报镇党委、政府集体审批。确定最终农户获星情况。挂星，最后经审批确定的星级农户，以镇党委、政府名义挂星，村“两委”负责组织授牌，对连续两季度获得“五星级户”的，召开群众大会授星，给予一定的物质奖励。

（六）通过“五大专题教育活动”提高思想认识

开展“五大专题教育活动”，培养新风正气，弘扬优良传统。纯阳山村以住上好房子、过上好日子、养成好习惯、形成好风气的“四好”村、“四好”星级示范户创建为抓手，深入开展以感恩教育、法纪教育、习惯教育、风气教育和自尊教育为主的“五大专题”活动，大力宣扬“懒惰致贫可耻、勤劳致富光荣”的理念，进一步明确“户要干净、村要整洁、人要勤劳、心要感恩”的导向，充分调动了贫困村和贫困户脱贫摘帽的积极性和主动性。

办“夜校”、挂“感恩照（墙）”、开演讲。加强群众思想教育，努力营造“懒惰致贫可耻、勤劳致富光荣”的浓厚氛围，激发贫困群众主动脱贫的内生动力和主人翁意识。纯阳山村让农户选择感兴趣的技术，在农闲、晚上组织培训农技知识，如种植双孢菇、丑柑、花草等，并宣传党的脱贫政策，如五大扶贫工程、“五个一批”、“六个精准”等；让贫困户在新建的安全住房挂上“脱贫前后两个样、党的恩情记心上”的新旧对比感恩照，并设立了“感恩墙”。通过常态开会、干部入户、院坝会教育、开展各种教育主题演讲比赛等方式来宣传讲解“五大专题教育”相关内容。县妇联也积极开展活动，展示巾帼风采，培养群众感恩、积极向上的精神。

（七）以“三议五会”探索创新村级自治机制

基层民主自治是社会主义民主政治的重要组成部分，是搞好农村基层民主政治建设的关键，是夯实村民自治制度的关键，也是推进村级脱贫攻坚战更快更好进行的重要环节和举措。纯阳山村通过“三议五会”来贯彻落实民主自治，在村级大小事务中全面实行该群众工作法，保障群众的基层民主选举、民主审议、民主决策、民主监督等权利，加强村民自治制度的发展完善。该村三议是指村“两委”提议、村民代表审议、全体村民决议；五会指村“两委”干部会、党员会、群众代表会、联社会、院户会。

全面推行“三议五会”群众工作法。凡涉及群众切身利益的重大事务，一律按照村“两委”提议、村民代表审议、全体村民决议的“三议”程序，自上而下宣传、自下而上决策，领导不拍板，群众说了算。用好“五会”平台，凝聚共识，让全体村民主动作为，参与管理。充分尊重群众知情权、参与权、决定权、监督权和评判权。

“三议”群众工作法程序为：审议前、审议中、审议后。审议前，广泛征求群众意见，群众投票确定议事事项，拟订方案，报乡镇批准，批准后形成书面议题；审议中，由村主任主持会议，书记介绍情况，村民代表讨论，完善实施方案，最后经村“两委”表决方案，形成提议意见；审议后，对商议结果形成书面材料存档，公开公示，主动做好未同意村“两委”提议的委员的工作，征得支持，未通过事项视情况或中止或缓解或重新完善进入“三议两公开一监督”工作法决策程序。

二、基建先行，稳固脱贫根基

贫困地区基础设施的建设，一直是脱贫攻坚中不可或缺的一环。农村基础设施，主要包括农村公路、农户饮水、网络、天然气和其他公共设施。只有把贫困地区的基础设施建设好了，才能有利于贫困地区农业的发展、农业经济的进步、农业结构的升级，才能稳固脱贫攻坚的根基。

家家户户通公路，助力“旅游扶贫”。纯阳山村主道路通往八尔湖镇，始建于1989年，始为土路，总长共4千米，路宽4.5米。该道路2012年完成硬化，2015年扩建为7.2米沥青路。到2018年，通过政府整合出资70%、农户自筹30%来统筹修建。纯阳山村道路建设趋于完善，基本达到户户通。全村新建环湖公路1.05千米、村社道路和入户路7.5千米，骑游道6千米，形成了湾湾串联、户户相通的路网体系，青龙咀大桥已经全面启动，届时在大堰乡境内将会绕着八尔湖形成一个旅游闭合圆。

“医疗救助+城乡一体化供水”，斩断“饮水”穷根。在饮水设施建设中，纯阳山村将“医疗救助”与“城乡一体化供水”联系起来，通过这两方面的有效连接契合，落实政策，解决“因水致贫”“因水患病”这一重大难题。

把城乡一体全域供水作为治本之策。建立“项目资金+财政补助+社会融资+群众自筹”多元投入机制，整合资金20亿元，依托嘉陵江、西河和升钟水库“三大饮水源”，建成6个大型制水厂，铺设9条供水主干线，形成了“三源六厂九线+N”的城乡一体全域供水体系，并建立“城乡水务有限公司+片区供水服务中心+乡镇供水服务站+村用水户协会+水管员”的五级管护体系，供水管道入户安装费用实行政府补贴贫困户每户800元的政策。另外，由帮扶单位出资20万元，统筹贫困与非贫困户，每户再补贴1000元，减轻困难群众费用负担。截至2021年，已经建设应急供水工程1处，铺设集中供水主管网20千米，安装自来水200余户，全面解决村民饮水安全问题。实施贫困户饮用水限价和逐步同价政策，所有农村群众都吃上了与城里居民一样品质的自来水，这一举措让全村群众深为感动，极大提升了群众满意度。

再者，互联网、光纤网络100%覆盖全村，打通了村民与外界联系的桥梁。已建成村级活动室一处并如期投入使用。村级文化室、卫生室全部达标，已经发挥其功能。

三、产业带动，形成扶贫合力

产业扶贫带动，是实现全面减贫的重要抓手，是精准扶贫取得实效的必由之路。产业扶贫相对于一般的产业发展，更加强调对贫困人群的瞄准性和特惠性。坚持长效发展与短期效益相结合，因地制宜制定长中短结合、种养加配套的产业发展规划，通过发展“三个一”计划、“四小工程”、“五方联盟”机制和乡村旅游等，既能解决群众当期脱贫问题，又为稳定增收、长期致富找到了门路。

（一）发展“三个一”工程，确保贫困户至少有一个谋生的本领

把提升贫困劳动力就业能力、促进转移就业作为最直接、最现实的增收途径。纯阳山村“三个一”培养计划包括：实施“助学解困”工程，培养一名大中专学生；实施“技术培训工程”，培养一个技术明白人；实施“就业培训工程”，培养一名专业就业人员。

一是建立“贫困劳动力就业信息平台”，对贫困劳动力就业精准服务。在村级建立纯阳山村就业扶贫微信群，常态更新、动态管理，与社会帮扶单位、企业对接劳动力信息。第一书记、村“两委”班子和劳动保障等负责在信息平台上及时发布劳动力就业需求，确保劳动力因材施力，精准到企业需求。

二是强化劳动技能培训发证，增强贫困劳动力外出务工能力。对年轻、

有一定文化但因贫困无力深造导致“就业能力不强、岗位薪酬不高”的劳动力，通过整合县里的培训机构，定期开设挖掘机、数控、厨师等多种专业培训班，实行30人以上“请人来校”、20人以上“办班到乡”、10人以上“送教进村”；对集中务工的贫困劳动力，由县就业局委托驻外商会聘请当地培训机构代为培训；对分散就业的贫困劳动力，动员其自主参加外地机构培训，同时全面落实免餐饮费、住宿费、生活用具费、资料费、实习工装费，补助培训费、交通费在内的“5免2补”政策。

三是以南部驻外商会为纽带，广开贫困群众外出务工渠道。大力发展劳务输出大村的人力资源优势，在其他省份成立众多驻外商会，对有一定传统技术但“无门路不能外出打工”“无依靠不敢外出打工”的贫困劳动力，通过“亲帮亲”促进贫困劳动力转移就业。商会还负责为贫困户提供依法维权服务。

四是开发公益性岗位，帮助年龄大、无学历、无技术的贫困劳动力就近就业。开发孤寡老人和留守儿童看护员、乡村道路维护员、花草种植修建员、道路垃圾清理员、湖泊看护清理员等公益性岗位，按“三议”程序，公开评定贫困群众上岗人员，每月发放补贴400元。

（二）发展“四小工程”，确保贫困户至少有一个短期增收门路

“四小工程”促进贫困户快捷增收，是长期发展的有益补充。该村立足留守贫困劳动力多为老弱妇孺的现状，坚持量力而行、量体裁衣，打造以水果为主的小庭院，以绿色养殖为主的小养殖，以土特产品为主的小买卖，以手工艺为主的小作坊等在内的“四小工程”。

“四小工程”申请程序完全遵循“三议五会”群众工作法。由农户自行申请，通过群众代表大会投票表决，通过半数以上代表同意后，报村上和乡上审批，根据申请户实际情况确定名单，公开公示。帮扶干部基

于农户现有基础，到贫困户家规划“四小工程”内容，规划后帮扶干部监督“四小工程”的实施，经村委会验收合格后直接将农户发展资金打卡到户，2018 年时为已脱贫户补贴 2000 元，当年脱贫户补贴 5000 元，由县财政拨付。

（三）发展“五方联盟”机制，确保贫困户都有奔康靠山

纯阳山村坚持把产业扶贫作为打破“脱贫又返贫”局面的根本出路。在农业产业利益链上做工作，采取“五方联盟”模式创建脱贫奔康产业园，保障农户长期就业收益。在当前与长远、短期与长期上有效结合，分户规划、全面发展，其中最有成效的是食用菌产业“五方联盟”的发展。

纯阳山村大力建设脱贫奔康食用菌产业园，积极采取“企业 + 合作社 + 农户 + 金融 + 保险 + 电商”的五方模式。纯阳山村食用菌产业园占地 25 亩，投资 550 万元，其中 100 万元按照“企业 13%、企业管理人员 12%、贫困户 75%”的股份制方式，由四川省森肽集团公司与 15 户贫困户组建南部县脱贫奔康食用菌种植农民专业合作社。新建食用菌种植智能菇房 16 个（15 户贫困户每户 1 个棚，公司 1 个实验棚）。公司负责提供菌种、技术、培养用料、消毒药品、工艺包装和产品销售，贫困户以银行贷款入股并按股份分红。每个棚种菇面积 500 平方米，每平方米每季出菇 17 公斤（1 年出 4 季），每公斤保底收购价 8 元，每个棚每年产菇 34 吨，预计年收入 27.2 万元。产业园年产双孢菇 510 吨，年销售收入 400 余万元，实现户年均增收 10 万元。其他 12 户无劳动力的贫困户按 5 万元贷款入股公司销售环节，每户年保底分红 7000 元。同时，积极引进人保财险公司对兜底价格、种植风险等方面进行保险，有效规避了经营风险。合作社还通过创建品牌和“互联网 +”经营模式，实现线上线下同步销售，切实增强抵御市场风险能力。

四、易地搬迁，保障户有所居

易地搬迁扶贫，是精准扶贫中最行之有效和最重要的脱贫路径之一，是解决现有大多数贫困人口彻底、稳定脱贫的根本出路，是保护生态环境的需要，是社会稳定和民族团结的需要，也是有利于提高贫困人口综合素质的重要举措。

坚持“四书一报告”，让家家户户住上好房子。纯阳山村“四书一报告”是指建房申请书、建房承诺书、施工安全责任书、告知书和验收报告。纯阳山村易地扶贫搬迁共 16 户 58 人，其中 2 户 1 人采取村周转房安置，已全部竣工入住。住房建设情况：2016 年 6 月至 10 月底为住房建设时期，纯阳山村实施易地扶贫搬迁 16 户 58 人，搬迁准确率 100%；建设住房 1320 平方米，人均 23.57 平方米，严守了人均不超过 25 平方米底线；搬迁户自筹资金 13.6 万元，户均 0.24 万元。资金管理上，严格按照《南部县易地扶贫搬迁工程实施方案》相关规定，经验收合格后已通过银行直接打卡到搬迁户账户。

纯阳山村易地扶贫搬迁主要采取统规自建、统规联建、统规统建的方式进行。在建房标准上，坚持“两条底线”“四套户型”“四不补助”原则，防止因补助和建设标准过高引发新矛盾、自筹资金超标加深贫困程度。两条底线，即每户人均补贴不得超过 1.8 万、最高不得超过 6 万元，建房自筹资金不超过 1 万元、人均不超过 3000 元；四套户型，即按照“两人户 50 平方米、三人户 70 平方米、四人户 80 平方米、五人及以上户 100 平方米”的标准统一设计户型，地基打二建一；四不补助，即超面积 20% 不补助、自筹资金超 100% 不补助、旧房不拆除不补助、工期超规定 6 个月不补助。

在建房程序上，实行“四书一报告”制度。一是提交建房申请书。由贫困户提交建房申请，写明建房原因、建房类别、建筑面积、建房方式、投资总额，变“要我建”为“我要建”。二是签订建房承诺书。由贫困户对坚持两条底线、三种方式、四不补助等规定进行承诺。三是签订安全责任书。把施工作业安全、建筑材料安全、建筑质量安全、施工设备安全和资金投放安全明确到村“两委”。四是出具乡村告知书。首期拨付30%补助资金作为建房启动资金，主体完工再追拨30%资金。五是出具工程验收报告。乡镇建管员、国土员和“五个一”联合验收后，一次性拨付剩余的40%补助资金。在房屋验收上，做到“五看”。看投资总额是否坚守两条底线；看面积是否符合标准；看户功能区是否完善；看结构是否牢固；看有没有坚持“三议”群众工作法，充分尊重群众意愿。同时，按照“五改三建”〔改危、改水、改厨、改厕、改圈和建院（小庭院）、建场（小养殖场）、建路（入户路）〕的标准同步推进危旧房改造，做到生活设施与生产功能配套、安居措施和致富产业同步。

五、狠抓督查，压实扶贫责任

落实扶贫工作中的督查督办，推动政令畅通，提高工作效率。督查督办，也即监督检查、督促办理，是对领导安排部署工作落实情况的监督，是对干部思想作风和工作作风的检查，是促进工作落实的重要环节和工作方法，更是推动决策落实、确保政令畅通的重要手段。改进工作作风、提高工作效率、落实好上级领导工作部署，对于提高执行力、推动工作落实具有重要的现实意义。

（一）“挂图作战 + 现场验靶”让干部动起来

纯阳山村出台系列激励约束措施，让广大党员干部扎根一线、担当作为，分年度将产业、就业、住房建设等工作形成任务清单，精准到户到人，每季度开展一次现场验靶。督查组直接去纯阳山村农户家，现场打开封条，进村入户。对照标准，询问农户有关脱贫政策的问题，针对问题看是否落实，让群众反馈情况，当天下午找到第一书记签字，然后进行打分，每个小组都要出验靶报告。好的授予流动红旗，差的给予黄牌警告，连续三次被黄牌警告的，主要负责人引咎辞职。用精准到人的验靶考核，挤出“南郭先生”，赛出“精兵强将”。纯阳山村在 2016 年一季度进行一次验靶，2018 年一年进行两次验靶。每次验靶中抽靶的人不一样，针对阶段的重点进行工作。

（二）“蹲点巡查 + 电视问政”让干部紧起来

实行“蹲点督导，分类管理”。纯阳山村抽查多名纪检干部，成立多个巡查组，定期蹲点会诊，常态逐户走访、实地查看、现场办公，广泛听取群众意见，形成“问题清单”。发现问题，当天交办、当天整改，第三天复查，整改不到位的，一律从严追责。由县委宣传部负责，组织外宣办、电视台、新闻媒体记者深入进行脱贫问效专题采访，好的典型通过专题节目、报告文学、纪实小说等形式广泛宣传，反面典型进行轨迹剖析、电视问政、通报曝光。

（三）“一线考察 + 悬帽攻坚”让干部拼起来

出台《南部县脱贫攻坚激励考核办法》，落实到纯阳山村，根据验靶成绩，对第一书记等 7 类干部进行量化考核和拉通排位，对表现优秀、成绩突出的及时提拔重用；对心浮气躁、“架天线”、跑关系的，一律纳入“黑名单”管理，三年内不得提拔重用。整个干部队伍风清气正、人心思干。

第五章　防范返贫：由脱贫走向振兴

乡村振兴，摆脱贫困是关键。2018 年的中央一号文件指出，要做好实施乡村振兴战略与打好精准脱贫攻坚战的有机衔接。纯阳山村主要在基础建设、产业发展、旅游扶贫、民宿和农家乐发展方面做好精准扶贫与乡村振兴的有效衔接。

坚持“三原则”“五个不变”。纯阳山村按照“脱贫不脱措施、脱贫不脱帮扶、脱贫不脱项目”原则，始终坚持扶贫对象不变、帮扶力量不变、帮扶政策不变、帮扶措施不变、帮扶责任不变的“五个不变”措施。因户施策、全面巩固、精准提升、扩大成果，促进脱贫户持续稳定增收不返贫。

一、持续壮大增收产业、促进培训就业

紧扣“345”产业，提供产业基础。纯阳山村按照有完全劳动能力、有一定劳动能力和完全丧失劳动能力三种情况，紧扣产业和就业两个关键，扭住能力提升和资金撬动两个重点，分类施策、量身定制，确保家家有增收项目、户户有奔康门路、人人有一技之长。纯阳山村在原有“三个一”“四小工程”“五方联盟”的产业基础上，继续坚持生产，创新模式，提高技术，扩大规模，为乡村振兴的顺利开展提供一定的产业基础。

打造“共享民宿 + 旅游”模式，探索乡村振兴。纯阳山村产业发展的重点在于“共享民宿”，这也是由该村乡村旅游带来的重大契机。2016

年时，森肽集团出资 51%，与重庆帮保利公司合伙，打造建立“乌托邦”，邀请浙江林地公司统一规划，将农户空闲的 120 户农房出租，修建成清朝建筑风格，利用节假日游客多的时机，打造“会员制”民宿，开展游客积分活动，积分还能兑换农产品。采用“康养休闲 + 体验活动”模式，游客在体验纯阳山村生态环境时，也能够融入农户家庭，体验农户生活，还可以潜移默化地在生活习惯、人生观念等方面影响农户。该“共享民宿 + 旅游”模式，在 2019 年投入开展，成为产业扶贫的创新模式，作为乡村振兴的探索和产业基础，成为纯阳山村衔接脱贫攻坚与乡村振兴最有力的产业。

精准扶贫转移就业现场招聘会在纯阳山村举办（图片由纯阳山村委提供）

二、持续加大资金投入、筑牢基本保障

落实政策兜底、坚持“因地制宜”思维。纯阳山村立足历来贫困程度深、脱贫难度大的实际，在巩固提升住房保障的前提下，重点针对教育、

医疗等保障政策的再加强、再落实，坚决筑牢薄弱脱贫户的保障线和兜底线。纯阳山村在乡村振兴战略实施过程中，不是只借助简单模板一体化推进，而是因地制宜、分类扶持和体现特色地精准施策，这是该村乡村振兴坚持的基本思维。在具体实施中，由于纯阳山村 10 个社的乡村资源禀赋和所处阶段都不同，乡村振兴对象精准的关键在于明确不同条件下乡村振兴侧重点，明白各社的差异。例如：纯阳山村还有五六七 3 个社因未环湖，基础设施发展稍落后于其他几个村，还应继续发展这三个村的村级基础设施，继续加快村级道路改造升级。

三、持续强化帮扶力度、重视监督管理

用好分类管理，巩固脱贫成果。纯阳山村继续坚持分类管理、精准帮扶，对脱贫户细化巩固提升措施、对已脱贫但基础薄弱户强化精准帮扶措施。并借鉴贫困户 ABC 分类管理，将现有脱贫群众分类建立清单，因户辨证施治，做到精准巩固。纯阳山村继续坚持挂图作战、现场验靶、一线巡查等管理考评机制，既考核脱贫户的巩固提升效果，又从严考核贫困户的脱贫成效，分类拉通排位，评定绩效。

四、持续坚持教育引导、推进精准帮扶

带教育新风，强群众治理。在乡村振兴启程阶段，纯阳山村继续充分激发贫困户自我发展的斗志和决心，把“干群一家亲”、“五星级”农户创建、农民夜校、“五大专题教育”等活动作为一根红线贯穿脱贫攻坚始终，通过同坐一条板凳真心真意“结穷亲”、入户精准扶持看变化等途径，全面激发贫困群众脱贫致富的信心和同步小康的决心。

第六章　成效彰显：一个水淹穷村的华丽转身

精准扶贫以来，纯阳山村通过乡村产业重构、乡村集体经济组织重构、乡村聚落形态重构、乡村治理模式重构等一系列全方位的深度变革，建成了产业繁荣、生态宜居、乡风文明、治理有效、生活富裕的幸福新村。

一、产业引领繁荣新村

（一）结构优化，产业结构不断优化

产业结构单一、生产效率低下是传统农业发展存在的问题。经过近五年建设，纯阳山村产业结构发生重大变化，由以种粮为主的传统农业村转变为一、三产业协同发展的现代农业村。通过产业结构调整，纯阳山村以发展高效现代农业和旅游业的方式摆脱了对土地的严重依赖，克服了自身土地资源匮乏的困境，提高了生产效率，促进了农户脱贫增收，取得了良好成效。

当前，纯阳山村已经形成食用菌种植加工、灵芝种植为主的现代农业与旅游业融合发展的繁荣局面。其中，食用菌种植加工产业园带动27户贫困户入园发展，已新建冷冻库房1个、电商中心1个、智能食用菌种植菇房16个。2018年食用菌产业园年产双孢菇510吨，年销售收入达400余万元，加入产业园生产的15户贫困户实现年均增收10万元以上，

加入流通环节的 12 户贫困户每年保底分红 7000 元，实实在在促进了贫困户脱贫增收。

灵芝种植园引进四川万芝生物科技有限公司，组建南部县瑶池仙菌农民专业合作社，建设标准化灵芝种植大棚 36 个共 1.2 万平方米，年产鲜菌 5.4 万公斤。此外纯阳山村结合贫困户实际，发展当期增收小工程，进行分户规划落实小买卖 2 户、小庭院 82 户、小养殖 64 户、小作坊 3 户，让每户贫困户至少有了 1 项当期增收项目，从最现实、最直接的地方着手解决了“增收难”问题。在旅游服务业发展上，纯阳山村结合乡村实际，新建纯阳洞、清新花海、荷塘月色、农耕体验馆等一批景点，引导开办农家乐、民宿 13 户，不仅实现了群众增收，还提高了旅游接待能力和水平。此外，借助全村产业发展，村集体通过出租集体林场 12 亩和入股八尔湖渔业协会实现集体经济年收入 13000 元，壮大了村级集体经济。

（二）“五方联盟”，利益联结模式不断创新

产业发展，创新利益联结机制是灵魂。纯阳山村在产业发展过程中尊重市场规律，按照股份制经营模式，找到了多方共赢的利益联结点，其建立的“五方联盟”利益联结机制，以专业合作社为纽带，把贫困户与龙头企业紧密捆绑在利益链上。打破企业过去只和富人、能人合作定式，在技术、生产、销售三个环节上分解让利、各司其职、各获其利。企业“缩减投资、扩大规模、降低劳务成本”和贫困户“缺技术、缺销路、怕风险”互相补短、互利共赢。同时，商业保险跟进保障，企业、银行和贫困户都吃上了“定心丸”。

二、生态宜居美丽新村

（一）坚持生态导向，产业布局明显优化

纯阳山村在产业布局中践行绿水青山就是金山银山理念，统筹山水林田湖系统治理，推进生产美、生活美、生态美，打造出农民安居乐业的美丽家园。在产业布局中，纯阳山村大力推动绿色无污染的旅游业和农业绿色生产。2016年，纯阳山村以绿色生态为导向，在产业发展过程中放弃了投资小见效快但污染大的畜禽养殖业，建立起以食用菌生产为主体的绿色低碳循环的农业产业体系，形成了与资源环境承载力相匹配、与生产生活生态相协调的产业发展格局。

（二）坚持问题导向，人居环境显著改善

人居环境的改善是美丽乡村建设成效的直接体现。纯阳山村在人居环境改善中注重农村生态保护与修复，将乡村人居改善与八尔湖景区打造有机结合，建设起健康稳定的田园生态系统，把生态环境优势转化为生态经济优势，促进了百姓富、生态美的有机统一，实现了农村人居环境明显改善，居民幸福感和获得感有效提升。

在人居环境改善过程中纯阳山村以乡村“微田园”和川北民俗为载体，整村推进房屋清代风格改造，同步实施“五改三建”，大力开展“六顺六净”活动，全面规范景区衣物晾晒、垃圾分类投放等，让民居变景点、乡村成风景。同时，纯阳山村按照群众自愿申请、竞聘承诺上岗的程序确定保洁员9名，专门负责村内景区卫生打扫和全村垃圾收集转运，并安排专人监督工作落实情况，实行半年一聘、竞争上岗，有效保障了村内人居环境的

干净整洁。另外，纯阳山村通过落实专人巡山护林，对乱砍滥伐、破坏生态环境的行为一追到底，从严处罚，有力保护了乡村生态环境，确保了美丽乡村长治久美。

三、乡风文明幸福新村

（一）鱼水情深，干群关系一家亲

正确处理好干群关系至关重要，干群关系关系到社会稳定、经济发展，关系到广大人民群众的切身利益，关系到党的政策的贯彻落实。纯阳山村通过处理好精准帮扶和村务管理两个干群关系中的主要问题，干部群众间出现了鱼水情深的和谐新局面，赋予了基层党组织更强的生命力，更能够妥善解决民意、民愿、民利问题。

2015 年以来，南部县在抓好“五个一”力量选派的基础上，落实县级领导挂联帮扶、机关单位定点帮扶、专职干部脱产帮扶、干部职工结对帮扶。纯阳山村先后历经 4 任第一书记和 17 名驻村帮扶工作队员，很多村组干部长期风里来雨里去，声音沙哑了，嘴皮干裂了，吃几片药、喝几口水又继续工作。第一书记魏晓洁每天都要去群众家中看看，不去心里就不踏实，被群众亲切地称为“狗不咬”书记。帮扶干部们与村民同吃同住同劳动，以心换心，演绎出许多感人至深的生动故事，得到了省、市、县的大量肯定和表彰，赢得了广大群众的热情拥护。

（二）同甘共苦，干部关系如手足

村干部和驻村帮扶干部是党委政府打赢脱贫攻坚战的基础。但在现实工作中由于驻村帮扶干部刚刚驻村开展工作，人生地不熟，对班子成员关系不清楚，对村情社情不熟悉，对各家各户情况不了解，工作开展难度极大。纯阳山村通过正确处理好三种关系建立起一支强大的干部队伍，显著增强了村“两委”班子的凝聚力和战斗力。

在处理干部关系中，纯阳山村一是处理好第一书记与支部书记的关系，第一书记做到总揽不包揽，依靠不依赖，遇事多商量；二是协调好支部书记和村委会主任的关系，使之做到扭成一根绳，不推诿扯皮；三是处理好支部书记、村主任与其他村班子成员的关系，细化班子成员责任，做到分工明确、齐抓共管、形成合力。处理好这三大关系后，纯阳山村干部间关系分外融洽，形成了一支特别能战斗、善于抓落实、处处能担当的干部队伍，为脱贫攻坚工作的顺利推进打下了坚实的基础。

（三）脱贫奔康，邻里关系心贴心

和谐的乡村邻里关系是构建和谐乡村的基石，也是促进农村文明进步、村民安居乐业的前提。纯阳山村通过脱贫奔小康和加强精神文明建设有力构建了和谐的邻里关系。

仓廪实而知礼节，衣食足而知荣辱。经济发展不会必然促进和谐邻里关系的形成，但经济发展仍是解决不和谐邻里关系的基本途径之一。脱贫奔小康前，由于纯阳山村资源匮乏，人均耕地极少，村民常因田边地角巴掌大的土地发生争执，有时甚至演变成斗殴，邻里关系极不融洽。脱贫攻坚后，纯阳山村加强农村精神文明建设，提高农民思想文化素质，大力发展乡村经济，农民经济条件和思想素质有极大进步，生活水平显著提高，从前影响邻里关系的很多因素随之消弭，邻里关系不断改善，实现了人际关系与经济发展的同向变迁。

四、治理有效和谐新村

（一）党建打头，村民自治科学高效

党支部是联系群众的前沿阵地，纯阳山村以党建引领村民自治，调动了广大群众积极地支持扶贫、参与扶贫，消除“等靠要”的思想，有力促进了脱贫奔小康的进程。

在党建引领的村民自治中，一是实行群众“三议”程序。“三议”工作法就是村上的重大事项一律通过村“两委”提议、村民代表会议审议、村民代表大会决议的程序决定，通过自下而上的决策方式，变为民作主为让民做主，改变了以前村干部搞“一言堂”的现象，既体现了村民自治，又融洽了干群关系，还避免了群众矛盾的产生。纯阳山村通过实行“三议”程序确定了村脱贫规划的制定、产业的发展、项目的建设，取得了良好成效。二是强化群众内部监管。纯阳山村在村级成立民主理财小组、项目实施小组、项目质量监督小组等 3 个小组，全部通过群众三议程序选举产生，每个小组由组长和成员 3 人组成，村“两委”干部不担任组长和成员，充分调动了群众参与村级事务的积极性和主动性。三是依靠群众“挂图”作战。对照村退出“1 低 5 有”标准，纯阳山村定时、定人、定效，将目标任务完成节点细化分解到月，实行一月一重点，一月一突破。同时，在村“两委”办公室挂图作战、按图考核，并向全村群众公开，接受群众监督。

（二）传承文化，村庄德治移风易俗

乡村繁荣，文化繁荣是根本。纯阳山村在文化建设上采用移风易俗、

“五星家庭系列评选”、传统文化挖掘改造等方式，用好的文化、好的风尚，构筑起浓厚的文明氛围，打造文明健康的精神高地，推进了乡村移风易俗工作，强化了核心价值观阵地建设，营造了培育和践行社会主义核心价值观的浓厚氛围。

在移风易俗中，纯阳山村一方面将主动权交到群众手上，让群众自己作主，切实感受到新风气的美好。如结合全村发展实际，通过“三议”群众工作法，制定纯阳山村村规民约，将社会治安、村风民俗、邻里关系、婚姻家庭等与村民生活息息相关的内容纳入村规民约予以规范，并将村规民约印制成挂历，发放至每位农户家中，让村民在潜移默化中学习村规民约、规范自身日常行为，实现群众自我管理、自我监督、自我约束。另一方面大力引导新风尚，结合走访慰问工作，开展移风易俗宣传活动，引导村民婚事新办、丧事简办和凡事从简的原则。纯阳山村形成了“不比阔气比公益”“不比物质比素质”“不比家产比家风”的良好风尚。

同时，纯阳山村在引导村庄德治过程中抓住“点”与“面”的关键，树立标杆示范引领。同时加大典型培树力度，开展“五星家庭”系列评选活动，以“五星家庭”典型的宣传推介为抓手，加大道德典型宣传推广力度，持续扩大“最美”覆盖面，真正通过群众身边的好人好事鼓励群众学习典范争做典范，引导群众见贤思齐、积极向善。

针对传统文化，纯阳山村取其精华去其糟粕。在纯阳山村乡村旅游景点建设中，积极挖掘具有地方特色的优秀传统文化，新建农耕文化体验园、纯阳洞等特色景点，大力弘扬上善若水的八仙文化、勤劳朴实的农耕文化，引导群众树家风、传家训、立家规，推动了全村移风易俗和良好村风、家风的形成。而对于封建迷信、铺张浪费、薄养厚葬等与时代要求和群众意愿背道而驰的陋习糟粕，旗帜鲜明地予以抵制。通过宣传引导，对新的礼仪形式赋予更加丰富的内涵与寓意，让“婚事新办”不失喜庆，“丧事简办”不失庄重，在尊重民情民意的前提下，因地制宜、循序渐进，在破旧俗中立新规、扬新风，让文明之风吹满纯阳山村。

五、生活富裕强盛新村

生活富裕是农村广大群众对美好生活的向往和需求，是脱贫攻坚和实施乡村振兴战略的根本出发点和最终落脚点。纯阳山村把脱贫攻坚同实施乡村振兴战略有机结合起来，有效拓宽了农民增收渠道，提高了农民生活质量，让全村群众走上共同富裕的道路。

经过近五年的艰苦奋斗，纯阳山村 2016 年底实现减贫 87 户 361 人，贫困发生率降至 0.57%，实现贫困村“摘帽”。纯阳山村也从远近闻名的贫困村变成了富裕村、幸福村。精准扶贫之前的 2012 年，纯阳山村全村居民人均可支配收入仅 1892 元，脱贫摘帽后，2017 年全村居民人均可支配收入达到 14000 元，比四川省农村居民人均可支配收入还高出近 1700 元。收入增加，生活质量也随之提高。现在的纯阳山村，村民住房有别墅、休闲有广场、出行有柏油马路和小车，村民的生活发生了翻天覆地的变化，衣食住行条件不断改善，生活水平和生活质量明显上升。

农村基础设施加快提档升级，农村公共卫生服务强化也是百姓生活质量提升的具体表现。经过近五年的发展，纯阳山村的交通已四通八达。一条条宽敞的柏油路、硬化路穿过产业区，延伸至各村各组，通向各家各户。到八尔湖镇，不到五分钟的车程；到南部县城，走高速公路半个多小时就可以抵达。截至 2018 年底，新建宽度为 7.5 米的环湖公路 3 千米，新建宽度为 4 米的游步道 7 千米，新建宽度为 3.5 米的村社水泥公路 2 千米、宽度为 1.5 米的入户便民路 1 千米，村主干道扩建为 7.2 米宽沥青路。在户户实现安全饮水、生产生活用电得到保障的基础上，建成达标卫生室 1 个、文化室 1 个、公共服务活动场所 1 处，广播电视覆盖率 100%，网络宽带连接到村、覆盖到有条件的户。昔日举步维艰的纯阳山村建立起了四通八达的路网，成了远近闻名的乡村旅游目的地。

第七章　经验传承：绣好精准扶贫这朵花

纯阳山村脱贫成效显著，不仅全部达到了贫困村贫困户各项脱贫指标，并通过脱贫攻坚取得促进经济发展、增加社区和谐、改善干群关系等多元综合成效。更为重要的是，纯阳山村精准扶贫精准脱贫的宝贵实践，探索出了可供其他地区借鉴的重要扶贫经验。其中最为核心的是纯阳山村在精准扶贫过程中，高度重视群众主体能动性的作用，全方位突出群众主体，从强化其主体地位、提高其主体意识、增强其主体能力多方面激发群众脱贫的内生动力，最终实现了真正让群众参与、切实让群众受益的脱贫目标。

一、有思想高度，扶贫理念突出群众受益导向

贫困地区广大的农民群众是精准扶贫最核心的参与主体和最根本的受益主体。但是，部分贫困地区的实践表明，有些地区在脱贫攻坚任务目标的强约束下，往往更加强调通过外部行政力量推动多个扶贫项目，而忽视激发贫困群体内生动力的重要性。然而，南部县纯阳山村从指导部署扶贫工作的核心理念即高度重视并重点突出贫困群众的主体性，不单纯以完成扶贫项目、达到脱贫指标为扶贫目标，而是以真真正正让农民受益为扶贫的出发点和最终落脚点，并扎扎实实地在各个扶贫项目中将此理念一以贯之。

同时，纯阳山村精准扶贫强调“精准”与“普惠”双轮驱动的工作理念，统筹贫困户与非贫困户均衡受益，既通过扶贫济困帮助全体贫困群众，也以合理提高贫困资源使用效率促进全村全面奔小康。部分地区在脱贫实践中因扶贫资源和政策过度集中在贫困户而激化“不患寡而患不均”社会矛盾的情况时有发生。如何均衡贫困户与非贫困户、往年脱贫户和当年脱贫户的利益从而减少农村内部矛盾是稳步推进精准扶贫的基本前提。纯阳山村以“精准”与“普惠”相结合的理念指导扶贫，一方面通过到户的易地搬迁项目、“三个一”工程、“四小”工程等产业项目，以及教育和医疗扶贫“编织”兜住贫困户的福利“网”确保贫困户实现脱贫。另一方面加大村庄公共产品投入力度，以大幅度改善基础设施、提升公共服务，让全体村民共享扶贫“红利”，有效缓解贫困户与非贫困户之间因利益不均而引起的矛盾，消除普通农户的“不公平”感，加速推进纯阳山村全面小康进程。

二、有实施策略，扶贫措施尊重群众主体地位

“群众受益”的扶贫理念同样需要在扶贫过程中通过具体实施策略予以“落地”。激发贫困群体内生发展动力，正是尊重群众主体地位的重要表现，也是促进贫困户有效稳定实现脱贫的关键举措。贫困群众如若期望走出“贫困陷阱”，既需要外部主体对其给予资源和制度的有效干预，同时也需要贫困人口发挥出自身的主观能动性，激发出内生驱动力并使其成为持续脱贫的动力。因而，精准扶贫过程中，贫困户应是各类扶贫项目的最基本的实施主体，精准帮扶的各项措施从规划到实施应充分尊重群众的主体地位。

自实施精准扶贫以来，大量资源快速进入贫困地区，扶贫工期时间

紧、任务重。纯阳山村在加强群众参与方面做出了值得借鉴的表率。其一，项目选择尊重群众意愿。纯阳山村实施扶贫项目时，不管是涉及村庄主导产业的集体项目还是以农户单家独户为单位的易地搬迁项目，首先都以村民的参与意愿为基本前提，而非由个别干部进行小范围的“集体决策”或越权替村民“代为决策”。2016年，在确定本村主导产业的发展项目时，时任驻村第一书记的魏晓洁与涂正林等村组干部，组织农户和贫困户代表共同外出考察项目。当时备选的项目有种植食用菌和养殖绿壳鸡，“考察团”到仪陇与西充等地分别进行了详尽认真的实地考察。返回村庄后，村组干部和村民召开会议，大家共同分析讨论两个项目的优劣势，并一致认为养殖业面临的环保风险更大，且与纯阳山村未来发展旅游有一定冲突，最终确定了发展食用菌的产业项目。在实施易地搬迁项目时，贫困户姚素云居住在半山腰的两间土坯房，且因年久失修泥巴墙、竹壳垮塌存在安全隐患，符合易地搬迁的条件。但因项目实施必须首先由农户本人申请，而姚素云夫妇二人均在外地打工，村组干部、驻村干部多次反复电话联系姚素云为其讲解具体政策，成功劝说其回村参与项目。

其二，项目实施多环节落实群众诉求。纯阳山村在项目实施过程中注重以民主评议的方式确保农户的充分参与。例如，在带领群众外出学习参观后召开“我能为纯阳山村发展贡献什么”的大讨论活动；在扶贫项目中通过民主评议环节收集群众意见等。在南部县常态化的扶贫督查工作中，督查组到村后并不知会驻村干部和村组干部，而是直接到农户家中与农户交流，收集群众诉求并了解政策宣传、工作进度、脱贫成效等内容，充分发挥群众在考核督导中的重要作用。

三、有落实方法，扶贫过程注重激发主体意识

简单地依靠发放救济物资，消除物质贫困并不能实现长效脱贫。摆脱贫困的着力点应是提高贫困人口"自我实现"的内生动力，使其彻底摆脱"精神贫困"。然而，贫困人口内生动力不足一直是脱贫攻坚的关键瓶颈，频频出现的"等靠要"思想、拒绝摘下贫困户帽子等现象，都是贫困群体缺乏内生发展动力、习惯于被动等待帮扶的具象表现。如何唤醒贫困群众的主体意识，激励其实现从"要我脱贫"到"我要脱贫"的观念转变，纯阳山村在精准扶贫过程中做了大量艰辛而细致的工作。

其一，通过持续的政策宣传强化群众主体意识。纯阳山村通过"五大专题教育"、办夜校、开演讲等多种方式开展政策宣传和意识教育。高频率且近距离地沟通交流，能够反复强化贫困群众的主体意识，帮助其树立起持续脱贫的自觉自信。

其二，通过干部亲民、以身作则进行思想教育的方式，树立群众主体意识。纯阳山村扎实开展的"干群一家亲""双诺双评"等活动，通过干部与群众同吃同住同劳动的方式迅速拉近干群距离，显著改善干群关系，有效促进群众观念转变。在纯阳山村调研过程中，被访农户多次提及帮扶干部到自己家中家访、住夜，与自己亲切沟通，了解实际困难，耐心讲解政策，甚至帮助做一些力所能及的家务活和农活。第一书记魏晓洁帮助农户找回遗失十几年的离婚协议书，镇党委书记梁先辉半夜开车送村民去医院就诊，每每提及这类"小事"，被访农户都极为感动甚至落泪，这也让课题组成员极为动容。尽管家访住夜、代办服务看似是与扶贫无关的"小事"，然而"群众事，无小事"，习近平总书记在党的十九大报告中明确指出，应"坚持把人民群众的小事当作自己的大事"。纯阳山村通过"解群

众之难”所践行出的群众路线，真正体现出“于小事处见真情”，不仅拉近干群关系，改变群众过去“等靠要”，甚至与干部“对立”的思想观念，并且有效帮助贫困群众树立起自立自强的脱贫信念。这种主体意识的塑造并非以外部强干预的方式生硬地加之于贫困户，而是以“润物细无声”的方式，在干部与群众一次又一次的沟通中，在一件又一件“小事”被解决的感动中累积而成的主体意识，并根植于和谐的干群关系而形成持续的内生动力。

其三，通过自主申请和内部竞争机制激发群众主体意识。培育主体意识的重要方式以及目标之一即为转变贫困群众在扶贫项目中的“被动”参与为“主动”参与。纯阳山村在易地搬迁、产业项目、基础设施建设等多个扶贫项目中执行“申请制”，农户个人或村民小组参与项目均需要以自主申请为参与前提。项目宣传动员时期帮扶干部、村组干部会充分与群众沟通交流进行政策讲解，即使农户已经口头告知干部自己愿意参与，但群众本人提交“申请书”方为正式参与项目的关键标志。此举避免了其他地区出现的贫困户在不知情或不清楚政策的情况下“被动”参与项目而引起的矛盾。同时，提交申请是一种“主动参与”行为，必须以贫困群众自发的内在动力为驱动。以“自主申请”为基本前提而实施扶贫项目，进一步巩固了群众的主体意识。同样值得关注的是，纯阳山村在修建道路等基础设施时，施行“内部竞争机制”。例如，修建村社道路时需要群众自筹部分资金，哪个村民小组率先集齐筹建资金，就先从哪个小组开始修建。这种村庄内部的竞争机制本质上是一种附加了资源供给和内部排序的“自主申请”，需要申请者有更强烈的自主发展动力及组织动员等行为能力，同样能有效激发群众的主体意识。

四、有支撑措施，多途径提升群众主体行为能力

贫困地区人力资本累积长期滞后，区域内贫困人口普遍存在身体健康水平低和受教育程度有限的双重人力资本制约。部分群众即使有较强的发展动力，但可能因其行为能力不足而导致无法依靠自身能力跨越贫困陷阱。这就需要在巩固其自主发展意识的基础上，提高贫困群众的自主行为能力。纯阳山村在此方面实施了三项重要工作。其一，提升群众参与就业发展的个人技能。纯阳山村通过“助学解困”“技术培训”“就业培训”的“三个一”工程提升贫困劳动力的就学、就业能力，确保每户贫困户无“辍学”现象或具有基本谋生的本领。

其二，培育群众参与村庄公共事务的议事能力。纯阳山村精准扶贫的实践不仅圆满实现了脱贫目标，同时在此过程中，村庄集体行动能力得到显著提升。实施精准扶贫之前，纯阳山村因长期缺乏集体讨论公共事务，村民对村庄重大事务的讨论、决策等参与不足。精准扶贫期间，纯阳山村践行“三议五会”落实村民民主自治，坚持在项目推进的多个环节实行“民主评议”，例如贫困户评选、村庄扶贫规划、重大项目决策等事项均需要村民在村、社两个层级广泛而充分地进行民主讨论。有的农户反映多的时候一个月要开十几次“坝坝会”“院户会”等。这些会议有效锻炼了村民参事、议事、决策等多方面的能力，进一步强化了村庄民主评议、集体决策的良好氛围。

其三，激励群众提升社会资本。在农村“熟人社会”的环境中，通过多种途径使农户获得“荣誉”有助于提升农户的社会资本形成发展激励。在村庄内部，纯阳山村每年从五个方面对农户评定星级，并将评选结果挂牌在每个农户家庭的房屋外墙。评议结果的示众，一方面使获得“五星”

的优秀农户被全村甚至是外来人员所知晓，有效提高其社会资本，激励其形成主动发展、保持优秀的行为预期。另一方面，对未获得“五星”的农户，缺失的“星级”正是其需要弥补的短板，此举会对其形成负向激励，同时也为该农户下一步的发展指明方向。从村庄外部来看，纯阳山村因入选全国脱贫攻坚展三个优秀案例而成为全国脱贫攻坚的标兵，来自各地的考察团、调研团队频繁进入纯阳山村学习其先进经验。这个光荣的“荣誉”不仅提升了纯阳山村整个村庄的社会资本，同时也对其脱贫干部团队以及全体村民形成激励。每一个农户都成为纯阳山村的“代言人”，其言行举止、精神状态等都代表着村庄整体面貌，激励着农户持续努力以不负“先进”之名。

参考文献

［1］ 习近平：《摆脱贫困》，福建人民出版社1992年版。

［2］ 习近平：《干在实处，走在前列——推进浙江新发展的思考与实践》，中共中央党校出版社2006年12月。

［3］ 习近平：《之江新语》，浙江人民出版社2007年8月。

［4］ 中共中央文献研究室编：《十八大以来重要文献选编》（上），中央文献出版社2014年版。

［5］ 习近平：《知之深，爱之切》，河北人民出版社2015年版。

［6］《习近平总书记系列重要讲话读本》，学习出版社，人民出版社2016年版。

［7］ 中共中央文献研究室编：《十八大以来重要文献选编》（中），中央文献出版社2016年版。

［8］ 中共中央文献研究室编：《习近平关于全面建成小康社会论述摘编》，中共中央文献出版社2016年版。

［9］ 中央党校采访实录编辑室：《习近平的七年知青岁月》，中共中央党校出版社2017年版。

［10］ 中共中央文献研究室编：《习近平关于社会主义社会建设论述摘编》，中共中央文献出版社2017年版。

［11］《习近平谈治国理政》（第二卷），外文出版社有限责任公司2017年版。

［12］《习近平谈治国理政》（第一卷），外文出版社有限责任公司2018年版。

［13］ 张丽君等：《中国少数民族地区扶贫进展报告：2016》，中国经济出版社2018年1月。

［14］《梁家河》，陕西人民出版社 2018 年 5 月。

［15］中共中央文献研究室编：《十八大以来重要文献选编》（下），中央文献出版社 2018 年 5 月。

［16］中共中央党史和文献研究院编：《习近平扶贫论述摘编》，北京：中央文献出版社 2018 年 8 月。

［17］杜银杰、周云峰、李鸿儒等：《闽宁镇二十年》，银川市政府研究室（扶贫办主编），2016 年 11 月。

［18］《永宁县人民政府县长李润军带队到福建省开展闽宁合作暨招商引资活动考察报告》，2018 年。

［19］《关于印发闽宁镇三年脱贫富民奔小康工作实施方案（2018—2020 年）的通知》，永宁县人民政府，2018 年 3 月。

［20］《2018 年永宁县东西协作扶贫攻坚自查报告》，2018 年。

［21］中共永宁县闽宁镇委员会闽宁镇人民政府：《闽宁镇 2019 年工作计划暨 2020 年工作思路（2019 年 10 月）》，2019 年。

［22］郭继强：《“三西”建设在开发扶贫中的实践模式及其价值》《扶贫与发展》，1996 年第 5 期。

［23］胡佳：《习近平：扶贫协作和对口支援必须长期坚持》《中国老区建设》，2016 年第 8 期。

［24］张国长：《在深化闽宁合作中加强新闻舆论工作的实践研究》《新闻传播》，2018 年第 5 期。

［25］刘永富：《习近平扶贫思想的形成过程、科学内涵及历史贡献》《行政管理改革》，2018 年第 9 期。

［26］刘永富：《认真贯彻习近平扶贫思想　坚决打赢脱贫攻坚战》《行政管理改革》，2018 年第 7 期。

［27］刘永富：《中国特色扶贫开发道路的新拓展新成就》《社会治理》，2017 年第 8 期。

［28］黄承伟：《论习近平新时代中国特色社会主义扶贫思想》《南京农业大学学报（社会科学版）》，2018 年第 3 期。

[29] 黄承伟:《党的十八大以来脱贫攻坚理论创新和实践创新总结》《中国农业大学学报（社会科学版）》，2017 年第 5 期。

[30] 黄承伟:《习近平扶贫思想体系及其丰富内涵》《中南民族大学学报（人文社会科学版）》，2016 年第 6 期。

[31] 杜尚儒:《“闽宁模式”书写东西部扶贫协新范本》《新西部》,2017 年第 29 期。

后　记

村、镇扶贫是扶贫工作的“最后一公里”，宁夏永宁县闽宁镇、湖南花垣县十八洞村、贵州赫章县海雀村、四川南部县纯阳山村是较为典型的扶贫、脱贫村，其扶贫、脱贫进程是中国近年来基层脱贫攻坚工作的缩影。随着脱贫攻坚取得决定性进展，在脱贫攻坚的伟大实践中，一个个曾经的“贫困样本”蝶变为“脱贫样本”。

宁夏永宁县闽宁镇、湖南花垣县十八洞村、贵州赫章县海雀村、四川南部县纯阳山村这些典型贫困村、镇的脱贫，得益于其在习近平总书记关于扶贫工作重要论述指引下，夯实精准扶贫治理体系，提升治理能力，因此总结精准扶贫精准脱贫的经验，对于其他贫困地区的精准扶贫、精准脱贫工作的开展，具有启示意义。对于展现党的十八大以来脱贫攻坚的基层实践历程与成就具有经验代表性。

从 2018 年 12 月开始，课题组由国务院扶贫办牵头组织，黄承伟主任具体指导部署，分成了四个团队，分别到宁夏永宁县闽宁镇、湖南花垣县十八洞村、贵州赫章县海雀村、四川南部县纯阳山村开展深入调研，入村入户访谈、感受脱贫变化。通过实地调查研究，收集和整理了样本村脱贫攻坚的各类支撑性素材，完成了村、户的问卷调查工作。2019 年，各团队系统整理调研资料，形成了初稿，经过多次征求国务院扶贫办评审专家的意见，课题组相继开展了补充调研，补充搜集相关资料，进行多轮修订、完善，并于2020年末形成了终稿。

本书中宁夏永宁县闽宁镇调研和撰写人员为华中师范大学的四位同志：骆军、何家伟、陆汉文、李金督；贵州赫章县海雀村调研和撰写人员为广西大学的两位同志：覃志敏、韦东阳；湖南花垣县十八洞村调研和撰写人员为吉首大学的两位同志：丁建军、彭延炼；四川南部县纯阳山村调研和撰写人员为四川农业大学的四位同志：杨浩、骆希、孙锦杨、叶恒雨。

最后，感谢调研期间闽宁镇、十八洞村、海雀村和纯阳山村的扶贫干部、脱贫农户给予的热情支持！祝福我们美丽的乡村未来更加繁荣振兴！

本书编写组

2021年2月